시적
공간

詩的
空間

시적 공간

1판 1쇄 찍음 2016년 6월 24일
1판 1쇄 펴냄 2016년 7월 1일

지은이 이종건

주간 김현숙 | **편집** 변효현, 김주희
디자인 이현정, 전미혜
영업 백국현, 도진호 | **관리** 김옥연

펴낸곳 궁리출판 | **펴낸이** 이갑수

등록 1999년 3월 29일 제300-2004-162호
주소 10881 경기도 파주시 회동길 325-12
전화 031-955-9818 | **팩스** 031-955-9848
홈페이지 www.kungree.com
전자우편 kungree@kungree.com
페이스북 /kungreepress | **트위터** @kungreepress

ISBN 978-89-5820-378-0   03100

값 10,000원

詩的空間

Poetic Space

시적
공간

상상의 눈으로 세상을 보다 + 짓다

이종건 지음

궁리
KungRee

차례

1

프롤로그

사람은 이런저런 이유로 자유롭지 못하다. 그래서 사람답게 살기 힘들다. 사람은 사람답게 살아야 마땅하나, 특히 돈에 묶여 그리하기 어렵다. 경제 문제는 정치가 극점인데, 정치는, 특히 우리 정치는, 어찌해볼 요량이 안 보일 만큼 낙망이다. 돌이켜보건대 정치에 대한 언사는, 때로는 냉소적으로, 때로는 애써 무관심으로, 때로는 울분으로, 그러나 거의 대부분 불평불만으로 채웠다. 그러면서도 마치 백마 타고 오실 왕자님 기다리는 여인마냥, 내심 혁명을 꿈꾸고 기다리기를 멈추지 않았다.

그런데 짧지 않은 세월을 살아보니, 정치혁명은 낙타가 바늘 귀 들어가듯 무모한 일이라는 것을 뼛속 깊이 깨달았다. 게다가 그것 또한 그것이 겨눈 혁명의 대상이 될 수밖에 없는 얄궂은 운명도 알게 되었다. 그러면서 열망이 사라졌다. 그런데 그렇다고 해서 마음이 온전히 없어진 것은 아니다. 내 몸 어딘지 모를 구석은 여전히 그것을 기다린다. 혹은 그리워한다. 그러면서 군사독재 정권과 싸운 무모한 영혼들이 들이마셨던 메케한 연기들을 가끔가끔 떠올린다. 이 또한 언젠가 연기처럼 사라없어질지 모르겠지만, 그리 될 때까지 애써 간직할 것이다.

우리가 한때 상아탑이라 불렀던 곳은 이제 대차대조표에 따라 운영되는 회사가 되었고, 소위 학문의 전당은 오래전에 각자도생 훈련장으로 변했다. 그러면서 어느덧 나도 변했다. 그리하여 근사하게 말하자면, '옷 젖는 줄 모르는 가랑비' 같은 혁명 쪽으로 마음이 돌아섰다. 정치가 아니라 내면의 혁명, 밖이 아니라 안의 혁명이다. 내가 몸 둔 전업의 영역인 건축으로 도모할 수 있는 지극히 여리고 희미한, 그래서 애써 보려 해도 알아보기 힘든 '혁명 같지 않은 혁명'이다.

'일상의 혁명'이라는 말이 적절하겠지만, 거창한 표현에 비해 내용이 너무 미미해 수사修辭로 여긴들 항의할 일이 아니다. 그리고 고백건대 그에 대한 전술과 작전도 간혹 막연히 떠올리기만 했을 뿐, 제대로 숙고한 바 없다. 그러다 오픈아키텍처스쿨OAS: openarchitecture.kr에서 몇 번 강의한 것을 바탕 삼아, 마치 어릴 때 개학 앞둔 다급한 초등학생마냥 방학문제 풀듯 매달린 것을 여기 내어놓는다.

나의 혁명전술은, 한마디로, 정동affect의 힘(분위기)에 기대어 시적 상황을 도모하는 것이다. 구체적으로, 인간 해방의 문제를 개별 인간에 초점 두어 (공간/사물) 짓기 관점에서 풀어내는 것이다. 목표는, 어떤 공간과 사물이, 그리고 공간과 사물을 어떻게 지어내는 것이 인간 해방에 기여할 수 있는지 해명하는 것이다. 그리하여 공간생산에 관여하는 사람들과 사물제작에 관여하는 사람들을 일종의 혁명동지로 불러내고자 한다. 실천을 위한 구체적 작전은 공간/사물 생산에 관여하는 자의 몫이다. 덤으로 소비자의 감성과 마음까지 불러낼 수 있다면, 무엇을 더 욕심내겠는가.

오랜 기간 한편으로는 프랑크푸르트학파의 '비판이론'을, 다른 한편으로는 '시적인 것'을 마음에 두었는데, 얼마 전부터 후자 쪽으로 생각의 가닥을 잡았다. 그러면서 변혁의 대상으로 자연히 새로운 주체(성)의 생산을 떠올렸다. 가정은 단순하다. 우리가 생산하는 공간과 사물 곧 물질세계는 인간에게 부지불식간에 영향을 미쳐 모종의 방향으로 끌고 갈 수 있다는 것이다. 이 명제에 기초해서, '지금 여기'에 붙잡혀 있는 주체(성)를 시적인 공간으로 흐트러지게 함으로써 새롭게 출현할 수 있는 토대를 만드는 것이다. 설령 그것이 허구라 할지언정. "성들을 허공에 지으면 우리는 우리의 작업을 잃어버리지 않을 것이다. 성들이 있어야 할 곳은 거기다. 이제 성들 밑에 토대를 놓자."[1] 나는 이 책에서 그러한 토대 만들기를 숙고하면서 위대한 시인들의 위대한 시에서 많이 배웠다. 두 위대한 건축가, 미스 반 데 로에와 존 헤이덕 또한 든든히 기댈 언덕이다. 사람이 사람답게 살기 어려운 세상일수록 앞서 산 위대한 인물들을 호출해내는 것은, 우리 사회 지식인 모두의 마땅하고 중요한 책무가 아니겠는가.

---

1   "If you have built castles in the air, your work need not be lost; that is where they should be. Now put the foundations under them." Henry David Thoreau, *Walden: Or, Life in the Woods*, 1966, 616쪽.

2

해방

우리는 목전目前의 일상사에 구속되기 일쑤다. 구태, 타성, 상투적인 것에 젖지 않도록 의식의 날을 애써 세우고 살아도 그러하다. 의식과 행동을 자동화하는 습관의 힘이 엄청나기 때문이다. 그렇다고 해서 일상을 비일상적으로 살 수도 없다. 언어도단이지만, 비일상적인 일상도 일상이기 때문이다. 그런데 일상의 습관적 지각은 그리 나쁜 것이 아니다. 나쁘기는커녕 그것 없이는 삶이 근본적으로 곤란에 처한다. 매순간 달리 나타나는 사물을 그때마다 다르게 지각하는 것은 엄청난 에너지를 요구하며, 순간순간 의식을 단절시켜 일상의 삶을 불가능하게 한다. 따라서 질 들뢰즈는 그러한 습관적 지각의 자동성 곧 "수동적 종합"을 지복至福으로 여긴다. 문제는, 만사를 원만하고 평강하게 하는 바로 그러한 일상의 편만한 힘이 설렘과 약동 곧 생명의 비약적 율동을 누그러뜨린다는 것이다. 우리의 감각과 생각을 둔하게 만들어, 사물들을, 사람들을, 빛과 어둠을, 세상을 더 이상 새롭거나 신비롭게 보지 않도록 한다. 신비는커녕 '존재하는 바 그대로' 볼 수 없도록 한다. 그리하여 '부지불식간에'라는 표현처럼 자동기계처럼 말하고 행해서, 심지어 내가 뱉은 말들과 내가 행한 행동들을 기억해내지 못하는 경우가 수두룩하다(식사 때 무엇을 먹었는지, 얼마나 오랜 날을 거슬러가며 기억해낼 수 있는지 시험해보라). 그리고 무자각하게, 그러니까 무심하고 무감하게 사는 것은 살아도 사는 것이 아니다. 감각과 의식이 떠나 있는 상태를 어찌 살아 있다 하겠는가. 그러니 습관적 지각으로 인한 무감각과 무의식화를 경계하지 않을 수 없다.

일상을 경계해야 하는 이유는 또 있다. 아침에 일어나 뉴스 보며 밥 먹고, 출근해서 노동하고, 퇴근해서 친구들과 커피나 술을 나누고, 수다 떨고, 외식하고 쇼핑하는 등, 겉보기에 지극히 사사롭고 평온해서 그야말로 수수하기 짝이 없어 보이는 일상사들이, 정치와 경제와 문화에 뗄 수 없이 착근되어 있기 때문이다. 아침에 눈을 떠서 밤에 눈을 감기까지, 자본주의의 꽃이라 불리는 광고로부터 벗어나 있는 시간은 얼마인가. 우리 의도와 전혀 상관없이 만들어져 출현하는 이미지들로부터 자유로운 때가 얼마인가. 천지가 상품 광고판이고 상품 진열장이다. 문화와 상행위를 분간하기 힘들고, 스마트폰이 사회적 삶과 개인적 삶의 필수품이 되었다. 그리해서 생활세계가 상업주의에 의해 식민화된다는 식자들의 주장이 이제는 김빠진 맥주 같다. (신)마르크스주의자들의 주장처럼 우리의 의식마저 이미 물화物化과정을 이미 다 거쳤을지 모를 일이다.

사태가 이 지경이니, 일상사를 둘러싼 문제를 오롯이 개인사로 떠넘기는 것은 온당치 않다. 그것을 사회적 층위에서 고민해야 마땅한데, 그러한 일에는 공간생산에 관여하는 자들도 분명한 몫이 있다. 인간은 분위기에 사로잡힌 존재인데, 공간이야말로 분위기를 형성하는 일차적 원인이기 때문이다. 그런데 문제는, 공간 또한 자유시장경제체제에서 하나의 상품으로 출현한다는 것이다. 그리하여, 공간생산에 관여하는 자들이 공간의 (해방) 가능성을 숙고조차 하지 않는다.

우리 앞에는 삶의 해방을 도모하는 이념들이 있는데, (신)마르크스주의가 대표적이다. 작금에 슬라보예 지젝이 주창해온 공산주의도 그중 하나다. 그리고 대항자본주의라 부를 수 있는 여러 이념들은, 우리에게 삶의 방식을 근본적으로 바꾸기를 요청한다. 교환가치에 기초한 상품세계에서 벗어나기를, 새롭지 않은 새로움 곧 패션 욕구와 소비주의에 저항하기를, 오래 쓰고 고쳐 쓰고 나누어 쓰며 소유욕으로부터 느슨해지기를, 시장이 만들어내는 거짓욕망에 휘둘리지 않기를, 몫 없는 자들을 위해 행동주의 혹은 정치적 투사로 나서기를, 지구가 백만 년 동안 만들어온 석유를 일 년의 낭비로 없애버리는 인간의 활동을 되돌아보기를 요청한다. 인간적으로 더불어 살기 위해서는 그 모두에 부응해야 마땅하나, 어느 하나 실천하기 쉽지 않다. 이 세상은 탄생부터 죽음까지 공간이 온통 시장에 내맡겨져, 인간으로 살고 인간으로 죽기 참 어렵다. 헤르만 헤세가 『황야의 이리』에서 썼듯, 이 세상은 "음악 대신 졸렬한 연주를, 기쁨 대신 향락을, 영혼 대신 돈을, 진정한 노동 대신 장사를, 진정한 열정 대신 놀이를 요구"[2]한다.

---

2   http://openlectures.naver.com/contents?contentsId=79162&rid=2892&lectureType=classic. 이하 헤세에 관한 모든 인용은 출처가 같다.

이러한 세상에서 해방을 도모하는 길은, 거칠게 말해, 두 가지다. 세상에 맞서는 것과 물러나는 것[3]인데, 전자가 사회적이라면 후자는 개인의 영역에 속한 것으로서 헤세가 염두에 두었다. 헤세는 〈살로메 빌헬름에게 보내는 편지〉(1950)에서 이렇게 썼다. "실제로 인간에게는 오직 단 하나의 희망—세계와 타인들이 아니라, 적어도 자기 자신을 어느 정도 변화시키고 더 낫게 할 수 있다는 희망만 있는 것으로 보이고, 이 일을 하는 사람에게 세계의 구제는 비밀스럽게 놓여 있다." 〈헤르만 숄츠에게 보내는 편지〉(1954)에서는 이렇게 썼다. "마르크스와 나 사이의 차이점은, 마르크스의 훨씬 큰 차원을 제외하면, 이렇다. 마르크스는 세계를 변화시키려 하는데, 나는 그러나 개별 인간을 변화시키려 한다. 그는 대중으로 향하고, 나는 개인으로 향한다." 그리고 〈파울 헤커에게 보내는 편지〉(1956)에서는 다음처럼 썼다. "인류를 개선시키고자 하는 것은 언제나 희망 없는 것으로 남는다. 그 때문에 나는 나의 믿음을 늘 개별적인 인간 위에 놓았다. 왜냐하면 개별 인간은 교육할 수 있고 개선할 수 있기 때문이다. 내가 믿는 바에 따르면, 세상에서 선하고

---

3 '물러남'은 그로써 잠자는 인식과 감각을 되찾아 다시 세상에 '들어감'을 전제로 삼는다.

아름다운 것을 지키는 사람들은 언제나 선한 의지를 갖고 헌신할 준비가 되어 있으며 용기 있는 소수의 엘리트였다." 여기서 엘리트라는 낱말이 가리키는 것은, "어떤 명문가 출신이나 무슨 대단한 대학을 나온 사람이 아니라, 그가 썼듯, '세상에서 선하고 아름다운 것을 지키는 사람들'이고, 그래서 '언제나 선한 의지를 갖고 헌신할 준비가 되어 있으며 용기 있는' 사람들"[4]이다. 공간생산에 관여하는 자들 또한 거기에 속할 것이다.

---

4   문광훈, "헤르만 헤세 『수레바퀴 아래서』 『데미안』," 문화의 안과 밖 강연시리즈: 2015 오늘을 성찰하는 고전읽기. 출처는 주석 2)와 같다.

3

공간

적지 않은 사람들이 '공간'을 배우기 위해 고전건축이라 불리는 명품 건물들을 찾아 나선다. 파르테논과 판테온, 르 코르뷔지에Le Corbusier의 〈사보아 주택Villa Savoye〉, 심지어 지은지 얼마 안 되는 게리Frank Gehry의 〈구겐하임 미술관Guggenheim Museum〉까지, 시간이며 돈이며 삶의 큰 비용을 치루며 답사한다. 한국인들은 공간을 느끼고 배우기 위해 종종 종묘, 부석사, 도산서당 등 소위 전통건축이라 불리는 한국의 옛 명품 건물들을 찾아간다.

건축가 김인철은 우리 건축의 정체성을 찾기 위해 오랫동안 전통건축을 찾아다니며 공부했다. 그리했을 뿐 아니라, 공부한 결과를 자신의 작업으로 확장시키고자 해왔다. 그리하여 그 결과를 『공간열기』로 정리해내면서 전통건축의 핵심어를 '열림'으로 제시했다.[5] 그런데 '열림'은 공간 그 자체의 속성이다. 따라서 그의 편에 서서 옹호하자면, 우리 전통건축은 서구건축에 비해 '공간적'이라고 할 수 있다. 그리고 그의 주장에 따라, 우리 건축의 본질이 자연의 무한한 공간을 매개하는 데 있다고 할 수 있다.

필자 또한 그와 비슷하게 전통건축에서 '벗어남'을 일관되게 감지했다. 어떤 전통건축이든 가만히 머물거나 말없이 걸으면, 거기서는 늘 공간이 내가 장악한 장소로부터 빠져나간다. 앞으로 나아갈 때는 공간이 양 옆으로 빠져나가고, 마루에 앉거나 서 있으면 늘 담 너머를 향해, 대개 하늘과 산과 땅이 담아내는 거대한 공간을 향해, '지금 여기'를 벗어난다. 소쇄원 제월당 마루에 가만히 앉아 앞을 바라다보면, 먼 산봉우리 사이에 난 길이 우리의 시선을 붙잡아 그 너머로 데려간다. 종묘 정전 앞 (신로라 불리는) 양측으로 세심하게 구부러진 넓은 돌바

5   김인철, 『공간열기』, 동녘, 2011.

닥을 천천히 밟아 정전에 다가가면, 그러한 현상과 더불어 몸이 마치 하늘로 서서히 부상하는 기분이다.

그리하여 필자는 천지인 곧 인간과 자연이 합일하는 공간의 가능성을 개진하기 위해, 공간과 장소를 결구하는 '공-소空所' 가설을 제시했다.[6] 공간은 대개, 친숙하고 안정된 '이름을 가진' 구체적인 장소와 달리,[7] 익명적이고 추상적이다.[8] 따라서 장소란 '길들인 공간'이라고 해도 크게 틀리지 않겠다. 그에 따라 말하면, 우리 옛 짓기 술術의 요체는 공간과 장소를 엮는 데 있다. 공간과 장소를 결구하는 방식은, 추론컨대 이러하다. 첫째, (자연지형이 형성하는 '늘 그리고 이미' 거기 있는) 공간을 간파해 내어 입지를 취한다. 둘째, 거기에 집을 지어 장소를 만든다. 셋째, 지어진 장소로써 비로소 공간을 짓는다. 둘째는 셋째를 염두에 둔 채 진행한다. 그러니까 집을 지어 장소를 만들되, 그로

6　서울시가 "2014 올해의 건축가"로 선정한 건축가 조성룡의 입신작 〈아시아선수촌 아파트〉(1983)를 방문했을 때 그것이 지닌 공간-장소의 힘이 놀라워 그것이 어디에서 비롯한 것인지 모색하는 중에 만들어낸 가설이다.

7　데카르트는 "공간은 좌표가 없는 균질 공간의 개념이고 장소는 좌표가 있는 것"으로 정의했다.

8　여기서 "추상"은, 추상예술이 아니라 추상명사에서의 '추상'을 뜻하는 것으로서, "비대상적"을 뜻한다.

써 공간을 이루어낸다는 것이다. 다시 말해, 먼저 자연 곧 '하늘과 땅'의 공간을 포착해서 그 속에 터를 잡고, 거기에 전승된 형식 곧 익숙한 것으로써 장소를 만들어 '하늘과 땅'의 공간이 현상하도록 한다는 것이다.

이렇게 놓고 보면, 우리 전통건축은 장소와 공간을 결구함으로써 우리의 의식과 감각을 열어 우리로 하여금 자연의 일부가 되기를 요구한다고 할 수 있겠다. 안온한 여기(장소)로써 무한한 저기(공간)를 품어, 하늘과 땅의 '사이 존재'로 살아가도록 말이다. 따라서 우리 전통건축은, 내부공간이 대개 건축적이지 않다는 근거로, 장소 잡기가 시작이고 끝이라는 주장은 납득할 수 없다. 서구 고전건축은 그와 달리, 장소를 잡아 집을 지음으로써, 장소성(그리스)을 만들거나, 내부공간(로마)을 만들거나, 내부-외부 공간의 상호교섭 공간(현대건축)을 만들지만, 우리 전통건축처럼 (추상적인) 공간과 (구체적인) 장소를 엮지는 않는다. 앞에서 쓴 바처럼, 공간 그 자체에 대한 관심이 거의 없다.

공간에 대한 이야기를 우리 옛 건물과 짓기 술의 특성을 거론함으로써 펼쳤는데, 그것은 다음의 사실을 강조하고 싶어서

다. 공간이란 그렇게 주의 깊게 느끼고 살피고 골똘히 생각할 때 비로소 그 특성이 드러난다. 공간이란 공기처럼 천지에 편만해서 존재하지 않는 방식으로 존재하는 까닭에, 비일상적 계기가 없으면 우리가 의식하거나 감각할 수 없다. 전통건축이 우리로 하여금 공간을 감지할 수 있게 하는 것은, 그것이 아름다우면서도 일상으로부터 완전히 벗어나 우리를 고요하게 만들기 때문이다.

공간은 본디 장소로부터 빠져나가는 혹은 열리는 것이다. 거꾸로 말하자면, '지금 여기'를 빠져나가 '다음 거기'에서 열리지 않는 것은 공간이 아니다. 집처럼 우리를 안온케 하는, 구체적으로 규정지어져 질서 잡힌 '장소'와 달리, '공간'은 무한하고 추상적이어서 규정할 수 없다. 그러니까 또다시 거꾸로 말하자면, 무한하고 추상적이지 않은 것은 공간이라 할 수 없다. 바로 그러한 까닭에 공간이란, 우리의 모든 움직임을 가능하게 하는, 새로운 지평이 끊임없이 열리는 카오스라 할 수 있다. '지금 여기'를 초월하는 공간은 그리우면서도 두렵다. 파스칼Blaise Pascal은 이렇게 말했다. "이 무한한 공간의 영원한 침묵이 나를 경악시켰다." 제임슨Fredric Jameson에게 공간은 "그 깊이를 가늠할 수 없는 혼돈"이다.

공간은 근본적으로 해방적이다. 그럼에도 불구하고 우리는 일상에서 공간의 해방적 기운을 거의 지각하지 못한다. 일상 언어에서 시詩적인 것을 감지할 수 없는 것과 같은 이치다. 우리의 일상 공간은 근본적으로 공간적이지 않다는 뜻이다. 그러한 것은, 그래서 그것이 해방적이지 않은 것은, 대체로 다음의 이유와 맞물린다. 일상사는 도구적 연관 안에서 무자각하게 자동성의 원리로 수행된다는 것, 일상 공간이 소비사회의 상품으로 나타난다는 것, 그리고 공간생산 관련자들이 공간 그 자체에 주목하지 않는다는 것. 그러므로 다시 말하건대 공간의 해방 가능성은, 정확히 공간을 공간으로서 현상하게 하는 데 있다고 할 수 있다.

공간은 무한한 자유다.[9] 무한하게 열릴 가능성이 없는 것은 공간이 아니다. 그런데 파스칼과 제임슨의 말이 가리키듯 공간

---

9 'Space'라는 용어는, 출처 미상의 "방, 영역, 거리, 시간 길이" 등을 뜻하는 라틴어 spatium에서 유래한 "기간, 거리, 간격" 등을 뜻하는 옛 프랑스어 espace의 축약으로서, (무엇을 하기 위한) "정도나 영역, 방" 등을 뜻한다. *Online Etymology Dictionary*. 'Space'의 일본어 번역 '공간' 곧 '비어 있는 사이'는 거기에 따른 것이다. 그리고 신의 창조물은 빈틈 없이 충만해야 마땅하다는 '충만의 신학'에 기초하는 서구의 '공간' 개념에는 열림이나 무한 개념이 들어설 여지가 없다. 태곳적부터 무한을 이해했던 동아시아의 관점에서 공간은, '공허'라는 낱말이 지닌 뜻에 훨씬 가깝다.

이 해방적이기보다 "경악"스러운 것 혹은 "가늠할 수 없는 혼돈"으로 나타나는 것은, 바로 공간의 무시간성,[10] 무한성, 절대성 때문이다. 따라서 공간이 공간으로서, 그러니까 해방으로서 경험되기 위해서는 장소가 필요하다. 무한히 열린 사막이나 바다는, 특히 홀로 있을 때, 공포다. 공포에 잠길 때 우리는 안전이 불안해 마음을 닫는다. 밖으로 열기는커녕 안으로 움츠러들 뿐이다. 무한한 하늘과 헤아릴 수 없이 빛나는 별들은, 우리가 단단한 땅을 딛고 있을 때에라야 비로소, 경외감으로 관조하며 영혼으로 조응한다. 미지의 세계에 대한 설렘은 집이 있어야 가능하다. 스티븐스Wallace Stevens가 다음처럼 썼듯, 설령 그 집(장소)이 우리 자신의 것이 아니라고 하더라도 말이다.

이로부터 시가 솟아나온다: 우리는 어떤 장소에 살고 있다는 것

그 장소가 우리 자신의 것이 아니라는 것, 그리고 더 더구나, 우리들이 아니라는 것

---

10   아인슈타인이 상대성이론을 통해 입증했듯, 공간과 시간은 둘이라기보다 하나의 연속체다. 그런데 여기서는, 마치 해가 동쪽에서 뜨고 서쪽으로 지듯, 공간을 과학이 아니라 보편적·일상적·현상학적 관점에서 해명하는 까닭에 둘을 구분한다. 공간과 시간은 엄연히 다른 용어다. 칸트 또한 공간과 시간을 분리해 두 가지 다른 선험적 범주로 파악했다.

그리고 그것은 빛나는 날임에도 불구하고 힘겹다.[11]

들뢰즈와 가타리는 『천 개의 고원: 자본주의와 정신분열증 2』에서 다음처럼 썼다.

"I. 어둠 속에 한 아이가 있다. 무섭기는 하지만 낮은 목소리로 노래를 흥얼거리며 마음을 달래보려 한다. (…) 모름지기 이러한 노래는 안정되고 고요한 중심의 스케치로서 카오스의 한가운데서 안정과 고요함을 가져다준다. (…) 노래는 카오스 속에서 날아올라 다시 카오스 한가운데서 질서를 만들기 시작한다. 그러나 노래는 언제 흩어져버릴지 모르는 위험에 처해 있기도 하다. (…)

II. 앞에서와는 반대로 우리는 이번엔 자기 집 안에 있다. 하지만 무엇보다 이 안식처chez-soi는 미리 존재하지 않는다. 이것을 얻으려면 먼저 부서지기 쉬운 불확실한 중심을 둘러싸고 원을 그린 다음 경계가 분명하게 한정된 공간을 만들어야 한다. (…)

11　"From this the poem springs: that we live in a place/ That is not our own and, much more, not ourselves/ And hard it is in spite of blazoned days." Wallace Stevens, "Notes Toward a Supreme Fiction," *The Palm at the End of the Mind*, ed. Holly Stevens, 1972, 210쪽.

III. 마지막으로 이번엔 원을 반쯤 열었다가 활짝 열어 누군가를 안으로 들어오게 한다. 또는 누군가를 부르거나 혹은 스스로 밖으로 나가거나 뛰어 나가본다. (…) 그리고 지금 목적으로 하는 미래의 힘과 코스모스적인 힘에 합류하려 한다. 일단 달려들어 한번 시도해보는 모험을 감행하는 것이다. 그러나 일단 이렇게 하려면 자신을 '세계'에 던져 이 세계와 혼연일체가 되어야 한다. 속삭이는 노랫소리에 몸을 맡기고 자기집 밖으로 나가보는 것이다."[12]

이 글이 우리에게 말해주는 것은, 영역이 확보되고 장소가 있어야 비로소 공간으로 나아갈 수 있다는 것, 그러니까 공간을 감각할 '장소'가 필요하다는 것이다. 거장 건축가 미스Mies van de Rohe가 "열린 공간 형식의 자유로움과 더불어 필요한 폐쇄성"을, 그러니까 "포위하듯 에워싼 공간이 아니라 자유로우면서도 보호하는 공간"[13]을 주창한 것은 그러한 이유에서다. 그는 다음과 같이 말했다. "다시 말해 우리 현존재의 한계를 날카롭게 직시하는 것, 그럼에도 불구하고 새로운 무한성, 정신에

---

12 질 들뢰즈 · 펠릭스 가타리, 『천 개의 고원: 자본주의와 분열증 2』, 김재인 옮김, 새물결, 2001, 589-591쪽.
13 프리츠 노이마이어, 『꾸밈없는 언어』, 김영철 · 김무열 옮김, 동녘, 2009, 15쪽.

서 비롯되는 무한성을 획득하는 것이 분명 가능합니다."[14]

그런데 우리가 사는 세상 모든 곳이, 일상의 모든 곳이, 장소가 아닌가? 그렇다, 일상이 이루어지는 곳은 모두 장소다. 장소가 아닌 공간 곧 '비장소'는 일상에 없다. 그런데 왜 굳이 장소가 요청되는가? 오늘날의 장소는 '장소성이 없는 장소' 곧 '기호로서의 장소'이기 때문이다.

그렇다면 장소성이란 무엇인가? 장소성은 실존적 거주의 처소로서, 존재자들이 나의 경험 안에서 구조화되어 그 안에서는 '늘 그리고 이미' 나 자신을 발견하는 곳이다. 그리해서 거기서는 장소감 곧 '보호받음' 혹은 '집 안에 있음'의 느낌을 가지며, 기억과 꿈을 언제든 확인한다. 작가 최인호에게 아파트는 집이 아니라 '타인의 방'인데, 그가 현대문학상을 수상한 『타인의 방』은 아파트에 살아본 적 없이 집필한 작품이다. 최인호의 경험 안에서 방은 집의 하위개념인 까닭에, 대문과 마당이 없는 '방이 곧 집'인 아파트는 그에게 집이 될 수 없다. 한국의 아파트들이 거실을 한가운데 두는 것은, 한국의 집이 마

---

14   같은 책, 111쪽.

당을 중심영역으로 삼아왔기 때문이다. 미국에 사는 한국 이민자들은, 현관이 없는 미국 집에서 출입문 부근에 신발을 벗고 신는 현관 영역을 만들어두고 산다. 익명의 텅 빈 사무소 칸막이 공간은, 갖가지 사물私物들이 배치될 때 비로소 특정한 개인의 장소가 된다. 장소는 그렇게 경험의 침전물로 구성되는 것으로서, 무시간적인 공간과 달리 근본적으로 역사적이다. 그러므로 포스트모던 건축이 기계시대의 정신과 논리와 감성에 따라 구성된 모더니즘 건축에 대해 비판한 것은 전적으로 타당하다. 추상성과 익명성은 무장소성을, 그리하여 소외감을 초래할 수밖에 없으니 말이다. 그런데 그에 대한 치유로서 지나버린 형태언어를, 그것도 오직 매너리즘 방식에 기대어 복구하고자 한 것은, 삶의 현장과 동떨어진 것으로서 시대착오적이었다. 장소는 근본적으로 하나의 분위기Stimmung를 가진 환경milieu, 그러니까 주기적 반복을 통해 의미 있는 방식으로 코드화된 '공간-시간 덩어리block'인데, '그때 거기'는 낯선 세계다.

'장소성을 지닌 장소'의 또 다른 호명인 '환경milieu'은, 단순히 '공간-시간 덩어리'가 아니다. 그것은 생명체를 이루는 구성요소로서, 각각의 생명체는 각자에 온당한 (네 개의) 환경들[15]을 갖는다. 그리고 각각의 환경은 각자의 리듬으로 서로 소통하는 까닭에 탈脫코드화되고 재再코드화되며, 그에 따라 탈脫영역화와 재再영역화의 과정에 놓인다. 따라서 캉길렘Georges Canguilhem은 '환경milieu'의 의미를 두 가지로 파악한다. 한편에서는 'lieu'에 주목해, 생명체를 유지하는 제한된 중심 잡힌 공간으로, 다른 한편에서는 'mi'에 주목해, 유기체가 끊임없이 자신의 신체를 확장해서 새로운 매개공간을 형성하는 장으로 파악한다. 장소성과 관계되는 다소 복잡한 용어들로써 말하고자 하는 바는, 공간과 장소는 우리 바깥뿐 아니라 내면에도 존재하고 있다는 것, 그리고 그 둘은 피차 강력한 영향을 미친다는 것이다. 공간의 해방 가능성은 바로 거기에 있다. 예컨대, 도스토옙스키는 자유를 서사의 핵심개념으로 삼은, 이제는 현대 문학고전이 된 자신의 소설 『죄와 벌』에서, 주인공 라스콜니코프가 진정한 자유[16] 곧 육체가 아니라 정신이 요구하는 자유를, "광활하고 황량한" 공간을 통해서라야[17] 비로소 찾게 되는 상황을 다음과

15   외부환경(유기체 바깥 물질), 내부환경(장기들), 매개환경(다공적 신체의 막이나 표피), 그리고 부속환경(에너지 자원들).

16   석영중 교수는, "본능으로서의 자유와 가치로서의 자유의 대립은 『죄와 벌』의 서사의 핵심을 차지한다."고 썼는데, 필자가 보기에 '육체적 자유'와 '정신적 자유'라는 표현이 더 적절할 듯싶다. http://openlectures.naver.com/contents?contentsId=79163&rid=2892#literature_contents

17   석영중 교수는 다음처럼 썼다. "그가 바라보는 곳은 페테르부르크도 아니고 시베리아도 아니다. 강 '건너'의 공간이다. 그곳에야말로 진정한 자유가 있다. 그곳은 태초의

같이 서술한다.

"지대가 높은 강기슭에서는 탁 트인 주변 정경이 한눈에 들어왔다. (…) 멀리 있는 맞은편 강가에서는 노랫소리가 가물가물 들려오고 있었다. 햇살을 듬뿍 받은 건너편 초원에서는 유목민들의 분여지가 검은 점처럼 희미하게 보였다. (…) 또한 그곳은 마치 시간마저도 멈추어 버려서 아브라함과 그가 기르는 가축들의 시대가 아직 끝나지 않은 것 같았다. 라스콜니코프는 꼼짝도 하지 않고 앉은 채 눈을 떼지 않고서 그곳을 바라보았다. 그의 생각은 몽상과 명상으로 이어졌다. 그는 아무것도 생각하지 않았지만 어떤 애수가 그를 설레게 하고 마음을 아프게 했다."[18]

그리고 하이데거는 릴케의 시를 해석하면서 다음과 같이 썼다.

"여기에는 열린 장 자체가 어떤 식으로든 그 스스로 우리

공간, 아브라함의 공간이며 '이곳'과는 전혀 다른 사람들이 살고 있다."

18   석영중, "도스토옙스키 『죄와 벌』—자유에 관한 성찰," 네이버 열린연단. http://openlectures.naver.com/contents?contentsId=79163&rid=2892#literature_contents

에게 향해 왔기에, 우리가 보호받지 못한 존재를 열린 장에게
로 향해 나갈 수 있다는 점이 놓여 있다."[19]

　일상 공간에 장소성이 없는 것은, 그리해서 우리가 소외감
을 느끼는 것은, 릴케에 따르면 "아메리카로부터 공허하고 냉
담한 사물들이 몰려오고 있"기 때문이다. "겉만 번지르르한 것
들, (…) 아메리카 식으로 지어진 하나의 집, (…) 우리 조상의
희망과 사려가 깃들어 있는 집이나 과일 그리고 포도와는 아무
런 공통점도 가지고 있지 않"는 것들이 몰려오고 있기 때문이
다. 하이데거는 그러한 아메리카적인 것을 "유럽적인 것의 근
대적 의지의 본질이 [과거의] 유럽에 가한 압력의 총체", 한마
디로 기술의 본질에서 유래하는 것으로 파악한다.[20] 그에 따르
면, 기술이 세계를 지배함으로써 사물들 속에 간직되어 있던
내용이 "시장의 계산된 교환가치로 해소"될 뿐 아니라 "그런
계산행위 속으로 모든 존재자를 끌어들인다." 그리하여 "인간
자신과 그의 사물은 단순한 재료가 되고 대상화의 기능"이 되
어, "기술의 기능공"이 된 인간은 "세계를 대상화하는 관철"로

19　　마르틴 하이데거, 『숲길』, 신상희 옮김, 나남, 2008, 440-441쪽.
20　　같은 책, 426-427쪽.

써 자신의 "보호의 가능성을 없애버린다." 따라서 릴케는 즉흥시(전시집, 1934) 네 번째 연에서, 다음처럼 '보호받지 못함'이야말로 진정 우리를 보호한다고 썼다.

더욱더 모험적으로…. 이것이 보호 밖에 있는 우리들에게
안전함을 제공한다,
그곳은 순수한 힘들의 중력이 작용하는 곳이다.
우리를 마지막으로 감싸고 있는 것은
우리의 보호받지 못한 존재이다. 그리고
이러한 존재를 위협하는 것을 우리는 보았기에, 그것을[21]

어떤 시인은, "우리를 마지막으로 감싸고 있는 것은/ 우리의 보호받지 못한 존재이다"라는 부분을, "결국 우리들을 보호하는 것은/ 우리들 보호 없음이여"[22]라고 옮긴 것을 인용해 썼는데, 그리 옮긴 것이 더 생생하다. 그런데 어떻게 '보호받지 못함'이 우리를 보호한다는 것인가? 어렵지 않게 생각해낼 수 있는 것은 이런 식이다. 마치 뭇 기독교인들이 믿듯, 우리의 진정

---

21 같은 책, 407쪽.
22 http://blog.naver.com/calliope8/220162093995

한 집은 우리가 살고 있는 '지금 여기'가 아니라 '하늘나라'라는 식으로 말이다. 거기야말로 우리의 영혼이 진정한 안식을 얻는 다는 식으로 말이다. 하이데거는, 릴케가 독자의 질문에 답한 서신을 풀이하며, '보호받음'의 문제를 세계 '안에' 존재하느냐 세계 '밖에' 존재하느냐로 해석하는데, 그가 인용한 릴케의 답 신은 이러하다.

"당신은 (…) '열린 장'이라는 개념을 이렇게 이해하셔야 합 니다. 즉 동물은 (우리가 행하듯이) 세계를 매 순간마다 자기 자신에게 대립시키지 않으므로 (…) 동물은 세계 **안에** 존재합 니다. 우리는 우리의 의식이 받아들이는 독특한 방향과 상승 을 통해 **세계 앞에** 서 있게 됩니다. (…) 따라서 '열린 장'을 하 늘과 대기 그리고 공간이라고 생각해서는 안 됩니다. 이러한 것도 (…) 대상이 되고, 따라서 '불투명하고' 닫힌 것입니다. 동물이나 꽃 등 이 모든 것은 (…) 자기 위에 형용하기 어려운 열린 자유를 가지고 있습니다. [그러나] 이 자유는 아마도 우 리들의 경우에는 최초로 사랑하는 순간에만, 즉 한 사람이 다 른 사람에게서—즉 애인에게서—자신의 고유한 넓이를 보 는 그런 순간에만 있을 것이며, 혹은 신에게의 헌신 속에서만 (아주 순간적으로) [그에 버금가는] 등가물을 가질 것입니다."**23**

그러니까 의식의 본질인 표상작용으로 인해 인간은 세계 '안'이 아니라 세계 '앞' 곧 세계와 대립해 서 있는 까닭에,[24] '열린장' 바깥에 머물게 되어 보호받지 못한다는 것이다. 따라서 '대상화하는 의식'을 갖지 않는 곳, 사랑하는 사람이나 헌신하는 신에게 자신을 전폭적으로 내맡기듯, "보호받지 못하는 것을 고려하지도 않고 또 의욕 속에 세워진 보호를 고려하지도 않는 바로 그곳에서 비로소 안전하게 존재한다."는 것, 다시 말해 자신을 '열린 장'에 아무 염려 없이 "내던지는 해방"에 의해서만 보호받음이 주어진다는 것이다. 하이데거는 이렇게 쓰고 있다. "존재는 단적으로 [말해서] 모험이다. (⋯) 존재자는, 자신이 그때그때 모험되는 것으로 머무는 한에서, 존재한다." 여기서 '열린 장' 곧 "순수한 힘들의 중력이 작용하는 곳"은, "모험되는 것으로서의 각각의 모든 존재자가 거기에 내맡겨져 있는 전체적 연관"을 가리킨다. 그래서 그것은 존재자 전체를 의미하는 '세계'와 달리, '세계적인 것' 곧 "비대상적인 것의 전체"를 뜻한다. 따라서 모험은 "하찮은 무無 속으로 해소되는 것이 아니라 열린 장의 전체 속으로 스스로 소환"되어, "충만한 자연을

23　마르틴 하이데거, 같은 책, 419~420쪽.
24　"의식이 고양되면 될수록, 그만큼 더 의식을 지닌 것은 세계로부터 배제된다." 같은 책, 420쪽.

비대상적인 것으로 경험"하게 한다. 따라서 하이데거는, 데카르트의 표상하는 '생각하는 자아ego cogito' 곧 "계산하는 이성의 논리"에 대립하는 파스칼의 "마음의 논리"에 주목해, 다음처럼 쓰고 있다.

"마음의 내면과 그 비가시성은 계산하는 표상행위의 내면보다 더욱더 내적이고 비가시적일 뿐만 아니라, 동시에 그것은 단지 가까이에 세워놓을 수 있는 대상들의 영역보다 훨씬 더 넓게 펼쳐진다. 마음의 볼 수 없는 가장 깊은 곳에서 인간은 비로소 사랑해야 하는 것, (…) 그리고 앞으로 다가올 자들에게 마음을 기울이게 된다."[25]

뒷부분에서는 이렇게 썼다.

"내면세계공간의 내면성은 우리에게 열린 장을 자유롭게 풀어준다. (…) 이러한 내면성 속에서만, 다시 말해서 단지 겉으로는 보호받고 있는 것처럼 보이는 우리 주변에 놓여 있는 대상들과의 관계로부터 벗어날 때에만, 우리는 자유로운 것

25　같은 책, 448쪽.

이다."²⁶ (밑줄은 필자가 쳤다)

　공간의 해방 가능성을 개진하기 위해 다소 길게 우회했다. 그런데 공간이 진실로 해방의 계기로 작동한다면, 어떻게 그러한 공간을 우리의 일상사에 들여놓을 수 있을까? 다르게 물어, 공간 창조자는 어떻게 일상의 공간을 그러한 공간으로 지어낼 수 있는가? 이 질문은 근본적으로 '시적 공간'의 창조에 대해 묻는 것과 별 다를 바 없다. 시적 순간 또한 도구적 연관과 시간적 범주로부터 벗어나는 것으로서, 근본적으로 비非대상적이고 무시간적인 공간 곧 '열림의 장'과 맞물리기 때문이다. 바슐라르는 『꿈꿀 권리』에서 시의 시간을 '수직적 시간'이라 명명한다. 시 혹은 시적인 것은, 우리의 정신을 순간적으로 고립시켜, 갑작스럽게 융기시켜, 전前언어활동이 이루어지는 '존재의 원초'에 가져다놓는다. 따라서 우리는 '순간적인 형이상학'인 시의 시간에, "가까이 있는 대상에서 떠나가, 곧 멀리, 다른 곳에, 다른 곳의 공간에" 머문다. 내면의 공간이 '무한에 의해' 세계의 공간과 어울린다. 바슐라르는 그러한 상태를 "원초적 관조" 곧 "대상 없는 관조" 혹은 "현상 없는 관조"라 부르는데,

---

26　같은 책, 452쪽.

대상성으로부터 벗어난, 따라서 "욕망의 충동에서 해방된" 관조는, "순수한 승화" 곧 "아무것도 승화하지 않는 승화"다.

그러한 공간을 우리는 어디서 찾을 수 있는가? 미스Mies van de Rohe의 건축이 하나의 전범이다. 건축이론가 노이마이어Fritz Neumeyer가 '존재의 건축'이라 부른 미스의 건축은, 신학자 과르디니Romano Guardini가 서술한 "두려움을 주는 비어 있는 공간" 그리고 교회 건축가 슈바르츠Rodolf Schwarz가 언급한 "순수하게 거의 비어 있는 커다란 공간"을 '분명히 그리고 충분히' 실현한다. 미스 자신이 "무엇인가가 시간의 저편 멀리에 존재"한다고 말한, 기능으로는 해명되지 않는 〈판스워스 주택Farnsworth House〉은, 노이마이어의 표현을 빌려 말하면, 사람들이 "자연의 객관적 질서와 침묵의 대화를 나눌 수 있고, 또한 미스의 말을 빌려 거대한 창조 법칙 속에서 자연과 함께 스스로가 고양되는 것을 느낄 수 있었다." 그리고 노이마이어가 니체의 표현을 빌려 "인식하는 자들의 건축"이라 형용한, 미스의 마지막 작품인 〈신국립미술관Neue Nationalgalerie〉(1968)은 "길고 높은 천정을 가진 공간들로 이루어진 넓고, 확장된 고요한 장소들 (…) 마차의 소음이나 사람들이 외쳐대는 소리가 전혀 스며들지 않는 장소"로서, "일상에서 정신을 집중하고 조용히 내면을 바라볼 수

있을 가능성"을 지닌다.[27]

우리를 일상의 시간으로부터 해방시키는 시의 시간이 '느닷
없이' 나타난다는 사실은, 공간 창조자에게 다음을 시사한다.
시적인 공간은, 마치 하나의 음악이나 한 편의 소설처럼 우리
자신을 처음부터 끝까지 그 세계에 온전히 내맡긴 후 하나의
고유한 통일성으로 나타나는 방식이 아니라, 어떤 상황에 '문
득'[28] 열린다는 것이다. 그러니 우리는 구축의 공간을 탈脫일상
의 벡터 곧 '지금 여기'를 벗어나는 탈주선으로 접근할 수 있겠
다. 그러한 공간은, 일상적인 것과 연접conjunction의 관계가 아
니라 이접disjunction의 관계를 형성해서 일상적이면서도 비일상
적일 것이다.

여기서도 우리는 두 가지 방도를 생각할 수 있다. 첫 번째는
앞서 언급한 미스의 방식 곧 한정된 공간을 한껏 열어젖혀, 그
것이 하늘과 땅이라는 무한의 공간으로 확장되게 하는 방식이
며, 두 번째는 로우Colin Rowe와 슬로츠키Robert Slutzky가 제시한

---

27   같은 책, 357-360쪽.

28   거의 모든 시에서 흔히 발견할 수 있는 이야기의 '돌연한 전회'와 비슷하다.

'현상적 투명성phenomenal transparency'[29]처럼, 시심詩心을 일으켜 탈脫일상을 도모하는 방식이다. 전자가 천지인 합일을 이루는 원심적 공간이라고 한다면, 후자는 '앨리스의 토끼 굴'과 같은 구심적 공간이라 할 수 있는데 건축가 존 헤이덕이 시로써 천착한 공간이기도 하다.

헤이덕은 '해방 공간'을 평생 천착하고 실천한 극히 예외적인 건축가다. 그는 '신비'를 구속救贖해냄으로써[30] "영혼 없이 날뛰는 기벽의 절충주의"가 판치고, 도구적 논리가 지배하는 세상으로부터 인간을 지키려고 애썼다. 40여 년에 걸친 자신의 작업을 묶어낸 책『메두사의 가면Mask of Medusa』이란 제목이 가리키듯, 그는 마치 메두사의 머리를 자르는 페르세우스처럼, 영혼을 물화시키는 (사악한) 눈[31]에 의해 장악된 세상[32]을 "철저한 무미건조성bone dryness"의 가면으로 비스듬히 응시한 채, 자

29　'현상적 투명성'은, 엠프슨(Wiliam Empson)이 제시한 '시를 이루는 애매성'과 정확히 같은 형식으로 공간을 미학화하고자 한 개념이다.
30　'구속'이라는 용어는, 건축 그 자체를 붙잡기 위해 건물이라는 물질적 현실을 거의 모두 포기했다는 점을 생각해서 썼다.
31　눈은, 라캉에 따르면, 모두 근본적으로 사악한데, 성경 또한 그리 나타내고 있다.
32　제임슨(Fredric Jameson)을 위시해 보드리야르 등 여러 사람들은 현대의 시각문화가 본질적으로 포르노라고 비판한 바 있다. 예컨대, 제임슨은『보이는 것의 날인(Signature of the Visible)』에서 이렇게 썼다. "가시적인 것은 본질적으로 포르노적이다."

신의 "비가시성의 메신저"인 "예기치 않은 불온한 귀신"[33]을 불러내어 잠들어 있는 인간의 영혼을 깨우고자 했다. 그가 믿기로, 물질에 감금된 영혼을 불러내는 것이야말로, 혹은 물질에 영혼을 불어넣은 것이야말로 진짜 건축적 과업이다. 따라서 건축의 위대성은 그렇게 아무 일 없어 보이는 평온한 일상 아래 잠복해 있는 괴물, 낯설고 두려운 존재를 느끼게 하는 데 있다. 그는 이렇게 썼다.

"어떻게 한 조각의 대리석(조각)을 만들어, 그 입에서 나오는 숨을 실제로 느끼게 할 수 있을까? 그것이 공간에 대한, 공기에 대한, 단단함에 대한 진짜 건축적 과업이다."[34]

또 이렇게 썼다.

"'두 사람이 배 위에서 조용한 대양 위를 보고 있다. 마침 황혼녘에, 고요하던 대양이 갈라지며 상어 지느러미가 온다. 아

33　Daniel Libeskind, "Stars at High Noon: an Introduction to the Work of John Hejduk," in John Hejduk, *Mask of Medusa*, Rizzoli, 1985, 14쪽.

34　John Hejduk, *School of Architecture*, ed. by Bart Goldhoorn, NAi Publishers, Rotterdam, 1996.

마 단 2초에 불과할 것이다. 이어서 지느러미가 내려간다. 두 사람은 공포에 질린다.' (…) 〈라로쉬La Roche〉처럼 모든 위대한 건축은 그 고요한 수면 아래 괴물을 지닌다."³⁵

그리고 헤이덕에 따르면, 건축가는 화가와 반대로, 추상 세계에서 시작해서 실제 세계로 가는 사람인데, 진짜 건축가와 건축업자를 구별시키는 것은, 모든 작업이 끝났을 때 결과물이 본디의 추상성에 얼마나 근접해 있느냐에 달렸다. 따라서, 다소 단순한 해석이겠지만, 건축의 해방은 곧 지금까지 언급해온 '추상성'의 실현에 달렸다고 할 수 있다.

추상성을 도모하는 헤이덕의 방식 두 가지는 최소한 여기서 언급할 필요가 있는데, 시적 상상력과 여성성의 특질이 그러하다. 그의 가면극 삼부작 중 하나인 〈은둔 가면극Retreat Masque〉한가운데 검은 의자가 하나 있는데, 거기 앉으면 다이빙보드가 눈에 들어온다. 그런데 그 앞에는 풀장이 없다. 그리하여 도구적 연관이 끊긴 채 덩그러니 놓인 다이빙보드는, 우리로 하여금 상상을 불러일으켜 시적 상황에 위치하게 한다. 다이빙보

---

35 John Hejduk, 1985, 같은 책, 126쪽.

드는 〈극장 가면극Theatre Masque〉에서도 같은 방식으로 등장하는데, 거기서는 삼각형의 풀장을 향한다. 그리고 평면과 단면이 삼각형을 취하는 풀장 꼭지점을 향해 소점이 극화됨으로써, 보는 이로 하여금 무한을 상상하게(혹은 인식하게) 한다. 〈은둔 가면극〉은 '은둔'하는 한 사람을 위한 집인데, 계단으로 구성된 지붕은 누군가를 기다리는 장소로 나타나며, 거주공간의 벽마저 비워둠으로써, '은둔'의 의미를 시적으로(세상을 향해 열려 있는 은둔이라는 역설로) 접근하게 한다.

가면극 삼부작 초기에 해당하는 그의 〈뉴잉글랜드 집New English House〉은 "여성에 가장 근접한"[36] 건축으로서, 시각 곧 남성성이 지배하는 문화에 대한 하나의 응답이며 응전이다. 그에게 여성(성)은 신비한 존재, 규정 불가능하고 포획 불가능한 하나의 추상성으로서, 시각문화가 만연한 시대에 공간생산에 관여한 자들이 천착해야 할 하나의 (대항)테제다. 지금은 '여성성의 건축'을 할 때다.[37] 그는 이렇게 썼다.

36　헤이덕은, 마치 철학자 데리다가 "여인처럼" 말하거나 쓰기를 희망한 것처럼, 여인처럼 건축하기를 소망했다.

37　"(…) its the female time in architecture." "Conversation: John Hejduk or The Architect Who Drew Angels," *a+u* 1991 no.224.

"내가 추구하는 것은 건축의 남성/여성 공간이다. (…) 우리는 건축에서 여인의 숨과 여인의 생각을 아직도 충분히 들이마셔야 한다. 여인의 공기가 우리의 대상물들을 잉태시킬 때 우리는 경악할 것이며 천사들이 울음을 그칠 것이다."[38]

그는 뉴잉글랜드 주택들에 대해 다음처럼 묘사했다.

"그것은 처음에 아주 단순하고, 아주 직접적이고, 아주 기초적이지만, 다시 보면 무언가 다른 것이 펼쳐지고 있다. 이 점이 나를 흥미롭게 한다."

여기서 '무언가 다른 것'이란 여성의 삶에 잠복되어 있는 삶의 이야기(역사)에서 발생하는 이상한 기운을 뜻하는데, '과부의 복도'가 그중 하나다. '과부의 복도'는 뉴잉글랜드 주택 꼭대기에 위치한 작은 탑을 가리킨다. 선장 부인은 매일 거기 올라가 자신의 남편이 돌아오는지 살핀다. 남편이 가끔 돌아오기도 하지만 실종되어 그렇지 못할 수 있다. 그리하여 아침에 검은 가운을 입고 집 꼭대기를 따라 검게 움직이는 여인을 상상하

---

38   John Hejduk, "Evening In Llano," *Education of an Architect*, Rizzoli, 1988.

면, 지극히 단순하고 평범하게 보이는 그 집이 돌연 설명할 수 없는 모종의 불길한 기운으로 찬다. 헤이덕은 자신의 작품 〈뉴잉글랜드 집〉에 그러한 기운을 끌어들여 다음처럼 디자인한다. 꼭대기의 두 날개가 대칭이지만, 그리고 두 개의 침실도 그렇게 보이지만 실제로는 그렇지 않으며, 나폴리의 탑과 같은 구조물 사이로 울타리를 통해 진입하는데 실상 그것은 문이 아니라 마치 단두대와 같이 오르락내리락하는 유리이며, 가구들은 바닥에 부착되지 않았지만 고정되어 있으며, 아주 작은 집처럼 보이지만 들어가면 아주 넓으며, 그리고 집 한가운데 이상한 공허부가 있다. 그는 다음처럼 표현했다. "그것은 아주 성적이다. 열려 있고, 위협적이고, 복잡하고, 이중적이다."[39]

마지막으로, 헤이덕이 건축을 통해 해방을 도모한 방식 또한 간과할 수 없는데, 이 또한 두 가지 측면만 언급하자. 헤이덕이 파악하는 (자본주의) 세상은 심지어 예술의 영역까지 모든 것을 이해타산에 근거한 상업의 대상으로 삼아, 쓸모 있는 것만 가치 있다 여긴다. 그리하여 건축에서는 "삼차원 공간만 찬양"하고, 건축가와 디자이너와 예술가, 심지어 학자까지 용

---

39   John Hejduk, 1985, 같은 책, 124쪽.

역업자(정신노동자)로 취급한다. 그리하여 그는 자신이 처한 시대를, 미스가 활동했던 "미래에 대해 매우 유토피아적이고, 빛으로 가득 찬" '낙관의 시대'와 질적으로 다른 '비관의 시대'로 보아, "건조 환경에 모라토리엄을 선언해야 마땅하다."고 역설했다. 그러니까 미스 시대의 건축가들처럼 건축할 수는 없다는 것, 더 나아가 심지어 현실적으로 짓는 행위 그 자체를 중단해야 한다는 것이다. 따라서 그는 스스로 해방을 위한 실천의 한 방식으로, 현실 세계로부터 물러나 완벽히 자율적인 건축 그러니까 나중에 소위 '페이퍼 아키텍처'로 불리게 된 순수건축에 천착하고, 그로써 사회에 맞서고자 했다. 여기서는 건축역사가들이 헤이덕의 건축여정에서 '의심의 여지없이' 두 중요한 순간으로 간주하는 초기의 〈벽 집Wall House〉과 후기의 건축 가면극masque 창조를 일별一瞥한다.

〈벽 집〉은 "삼차원 공간만 찬양"하는 사회에 대해 헤이덕이 제시한 "하나의 직접적 대질이자 도전"인데, 헤이덕은 거기서 공간을 (이후 〈시간의 붕괴Collapse of Time〉라는 작품에서는 시간까지) 붕괴하고자 했다.[40] 그가 밝히기에 〈벽 집〉은 시간성과 관

40　이에 대한 자세한 해명을 위해서는 필자의 졸고 〈존 헤이덕 건축에서의 시선과

계하는데, "벽은 현재로 상상되는 한편, 경사로, 통로, 계단 등과 같은 순환적인 요소들은 과거로, 그리고 거주 공간living space은 미래로 상상된다." 그리고 현재라는 "가장 빠르고, 가장 덧없고, 가장 응축되고, 가장 짧은 거리인 그러한 공간"은, 평면상에서 하나의 선분으로 존재하고,[41] 따라서 건축적으로는 마땅히 벽이 될 수밖에 없다. 이로써, 그는 개념적으로 (그리고 보기에 따라 실제로) 이차원의 건축[42]이라는 〈벽 집〉을 완성함으로써, "우리는 끊임없이 과거와 미래를 들어갔다 나왔다 한다는 사실, 그러니까 우리는 순환적이라는 사실을 고양시키기를 꾀한다."

〈베를린 가면극Berlin Masque〉을 위시한 가면극 작업은 헤이덕이 창안한 "새롭고, 진정한 프로그램"으로서, 영혼이 죽어버린 혹은 죽어가는 부정성의 시대에 맞서는 하나의 건축적 실천방식이다. 그로써 건축가는, 마치 화가나 시인처럼, 오직 자신의 건축적 작업만 충실히 수행하는 자로서, 교양 없는 자본가,

응시), 《건축역사연구》, 제14권 2호(2005)를 볼 것.

41   헤이덕은 "벽이 평면적으로 다이아몬드의 평면 다이아그램에서 출현했다."고 쓰고 있다. 같은 책, 59쪽.

42   이로써, 헤이덕에 따르면, 〈벽 집〉은 "건축에서 오직 삼차원만을 찬양하는 사회에 대해 하나의 직접적인 대항과 도전"으로 출몰한다. 같은 책.

대중, 권력가 등 소위 갑의 위치에 선 자들의 취미나 호사나 욕망에 맞추어 움직이는 것을, 클라이언트의 주문과 요구에 따르는 것을 근본적으로 거부한다. 건축가의 작업은, 마치 작곡가의 악보처럼, 세상이 다가올 때, 그러니까 그의 스케치를 누군가 현실화하기를 원할 때, 오직 그때 실현될 수 있을 것이다. 그렇다고 해서 물질화되지 않은 정신적 노고의 산물인 스케치가, 그때까지는 그저 미완의 존재로 머문다는 것은 아니다. 그렇기는커녕 건축가의 작업은 그 자체로 이미 하나의 온전한 작품이다. 말하자면 건축가의 숙고가 가장 순수한 형태로 보존된 건축이라는 것이다. 세상은 그것을 나중에 '페이퍼 아키텍처'라 불렀지만, 아마도 '순정(純正; 순수하고 올바른)한 건축'이라는 호명이 더 온당하지 않을까.

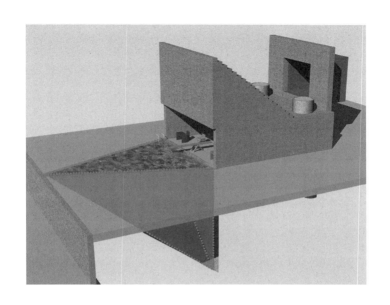

〈극장 가면극〉, 헤이덕

〈뉴잉글랜드 집〉, 헤이덕

4

짓기

인간은 짓기로써 산다. 옷을 짓고, 밥을 짓고, 집을 짓는다. 시와 소설과 편지와 노래를 짓는다. 심지어 죄도 짓는다. 짓지 않는 인간을 생각하는 것은 불가능하다. 인간은 짓는 존재이며, 짓기로써 삶의 의미를 만든다. 인간은 기념비적 실패의 역사를 안고도, 여전히 바벨탑 짓기에 여념 없고 언제나 그것의 완공을 꿈꾼다. 짓기를 뒷받침하는 것은 과학과 기술인데, 경제적, 정치적, 휴머니티(인간됨의 조건)의 정체停滯나 퇴보에도 불구하고, 그 둘은 진보밖에 알지 못한다. 목하 급속도로 진전 중인 유전자공학, 무인자동차, 지능형 로봇, 유인 화성탐사 프

로젝트 등이 대표적이다.[43]

짓기는 주어진 것들로써 무언가를 만들어내는 것이다. 그런데 만들어내는 인간 곧 호모파베르*Homo Faber*는, 하이데거가 해명한 기술의 본질인 '틀지움enframing'이 가리키듯, 오직 만들어내는 데 집중한다. 인간은 가능한 한 완벽하게 만들고자 하는 충동에 사로잡힌 존재라는 것이다. 아렌트Hannah Arendt는, 1945년 로스앨러모스Los Alamos 프로젝트가 최초의 원자폭탄을 만들자 다음을 확신했다. 엔지니어나 물질적 사물들을 만드는 모든 사람들은, 자신이 만드는 사물들의 주인이 아니다. 그래서 대개 자신이 무엇을 하고 있는지 이해하지 못한다. 호모파베르는 순진한 잠재적 '자기파괴자'라는 뜻이다. 그리하여 그녀는 발언과 행동 곧 정치로써 호모파베르를 인도해야 한다고 믿었다. 세넷Richard Sennett은 자신의 선생과 다른 입장을 취한다. 그는 만들기와 생각하기 사이의 내밀한 연관성에 주목해,

---

43　인공지능(AI)은 엄청나게 빠른 속도로 성장 중인데, 체스, 퀴즈쇼, 일본식 장기 등을 위시해 1996년 이래 인간이 그것과 대결해서 이긴 적은 한 번도 없다. 기사의 일부는 이러하다. "마이크로소프트(MS) 창업자 빌 게이츠는 'AI가 극도로 발달하면 인류에 위협이 된다. 인공지능을 걱정하지 않는 사람들을 이해할 수 없다.'고 말했다. 애플의 공동 창업자 스티브 워즈니악은 '인간이 신이 될지, AI의 애완동물이 될지 모르겠다.'고 말하기도 했다." 「인공지능 섬뜩한 경고 '2045년엔 인간 지배할 것'」, 한국일보, 2016. 2. 19.

호모파베르를 '자기파괴'의 문제를 넘어설 뿐 아니라, 더 좋은 사회를 만들 수 있는 존재로 새롭게 구성해서 제시한다.[44]

세넷에 따르면, 사물을 잘 만드는 기술skill 곧 솜씨craftsmanship 는 "인간의 영원한 원초적 충동, 일 그 자체를 위해 일을 잘하 고자 하는 욕망"을 일컫는다. 그런데 사회적·경제적 조건들은 종종 그것을 방해한다. 그럼에도 불구하고 우리가 장인이라 부 르는 사람은, 그러한 욕망으로써 기어이 완벽한 사물을 만들어 낸다. 그리하여 그러한 정신의 소유자들은 자신의 의도와 상관 없이 가끔 순진한 악으로 출현한다. '악의 진부성banality of evil' 은 그것을 일컫는 아렌트의 용어인데, 나치의 죽음의 캠프를 조직한 아이히만Adolf Eichmann, 그리고 로스앨러모스 프로젝트 디렉터 오펜하이머Robert Oppenheimer가 대표적이다. 자신이 떠 맡은 과제 안에서 완벽성에 집착하는 것은, 윤리적 측면뿐 아 니라 미학적으로도 나쁜 결과를 초래한다. 예컨대 완벽하게 아 름다운 집을 지으려고 단 3센티미터를 위해 공사가 거의 다 끝 난 집을 허물고 다시 지은, 위대한 철학자 비트겐슈타인이 보

44 Richard Sennett, *Craftsman*, Yale University Press, 2009.(『장인』, 김홍식 옮김, 21세 기북스, 2010)

여주었듯, 인간이 만든 '지나치게 완벽한' 사물은, 인간이 만든 까닭에 역겨운 대상이 될 수 있다. 따라서 세넷은, '집착'을 다스리지 못하는 전통적 장인이 아니라, 만들기와 생각하기 사이에 대화를 수행하는 실용주의 장인의 가능성을 제시한다.

'물건 잘 만들기'는, 단순한 제작의 문제를 넘어 삶의 전 영역에 큰 영향을 미친다. 세넷의 문장을 인용하면, "훌륭한 옷이나 잘 요리된 음식은 우리로 하여금 '좋음'이라는 더 큰 범주들을 상상할 수 있게 한다." 좋은 것을 경험한 사람은 좋은 것을, 가능하면 더 좋은 것을 욕망하는 법이고, 그러한 것이 자신의 삶의 모든 부분에 미치기를, 그래서 궁극적으로 (더) 좋은 삶을 살 수 있기를 희망하기 마련이다. '물건 잘 만들기'는 또한 경제적 동력이 될 수 있다. 세계대전 패전으로 잿더미가 된 서독이 경제적 자립을 도모할 수 있었던 것은, 1950년대와 1960년대 '경제기적Wirtschaftswunder'을 상징하는 메르세데스 벤츠가 압축적으로 말해주듯, 무엇보다도 '잘 만들기'에 주력했기 때문이라고 해도 과언이 아니다.[45] 거의 모든 부문에서 동력을 잃고

---

45 전반적으로는, 미국의 마셜 플랜, 국민의 근면성, 높은 기술 수준, 효과적 경제정책 등이 맞물린 것이 성공의 핵심이지만, 메르세데스 벤츠가 마셜 플랜의 주요한 수혜자로서 독일경제의 부흥에 미친 영향은, 그 둘을 분리해서 생각할 수 없을 정도라는 사실

저성장기 혹은 무성장기에 접어든, 고용의 질이 극히 나빠진 작금의 한국경제에 제조업만큼 중요한 것은 없는데, 부존자원이 없는 한국은 다행히 어느 나라 못지않은 손재주를 지녔다.[46] 그러므로 '물건 잘 만들기' 의식과 실천이 사회적으로 확장된다면, 먹거리마저 이익을 쫓음으로써 위기에 내몬 지구와 삶의 질의 문제를 해결할 가능성이 있다. 농사를 포함해 모든 물건을, 가격이 아니라 품질에 기대어 경제 활로를 찾는다면, 노동 소외 문제도 해소할 수 있을 것이며, 더 나아가 나날이 추락하는 인간의 품격 또한 회복할 수 있을 것이다. 지금보다 더 좋은 대안 세계를 도모할 수 있을 것이다. 훌륭한 솜씨는 지식의 공유와 연관되고, 노동이 도구주의로 전락하는 것을 막으며, 사회를 건실하게 만든다.[47] 그래서 듀이John Dewey는 정치 영역이 아니라 작업 경험의 질의 향상에 근거한 사회주의를 주장했다.

에 주목할 필요가 있다.

46 　국제기능올림픽에서 오랫동안 거두어온 최고 수준의 성적이 그것을 방증한다. 이명박 정권이 내세운 마이스터(젊은 명장) 프로그램이 선전도구에 머문 것은 사회적으로 안타까운 일이다.

47 　실용주의자 제퍼슨(Thomas Jefferson)은 "일을 잘하는 것은 시민권의 토대"라고 믿었다.

사물 만들기는 두 가지 가치와 맞물린다. '단순히' 말해 돈과 기쁨인데, 돈과 맞물리는 사물은 상품, 기쁨과 맞물리는 사물은 작품이라 부른다. 전자는 상업 행위로서 수단-목적의 도구적 연관 안에서, 후자는 예술(놀이) 행위로서 자율적으로 성립한다. 진정한 인간 해방의 길은 후자에 있다. 상품-사물은, 최소의 비용으로 최대의 이익을 추구하는 경제 원리로 인해, 사물이 이익에 종속되어 삶의 질이 나빠질 가능성이 지극히 농후하다. 이익을 극대화하기 위해서는, 세계 어디의 것이든 가장 싼 식食자재와 가장 저렴한 인건비와 가장 효율적인 생산라인을 확보해야 한다. 우리는 이익구조에 맞물려 생산된 밥을 먹고, 옷을 입고, 집에 살게 된다. 상품-사물은, 그뿐 아니라 겉만 그럴싸하게 만들어도 소비자가 알아차리기 어려운 까닭에, 질質이 표면이 말하는 것과 다를 위험에 놓인다. '오래된 가죽' 같은 새 합성제재나 나무와 꼭 같이 생긴 플라스틱처럼 위장 기술이 나날이 발전해서, 겉보기에 멀쩡한, 멀쩡할 뿐 아니라 종종 실제보다 더 유혹적인 음식과 옷과 집이 실상 그러한지, 일반 소비자는 알아채기 거의 불가능하다.

　따라서 실용주의 철학은, 잘 만들기(일하기) 위해서는 사람들이 수단-목적의 도구적 연관에서 자유로워야 한다고 주장한다. 세넷에 따르면, 그것을 가능케 하는 것은 '체험Erlebnis'과 '경험Erfahrung'의 합치에 의해서다. 여기서 '체험'은 "감성적으로 내면에 감명을 주는 사태나 관계"를, 그리고 '경험'은 "외부를 향하게 하고 감수성이라기보다는 기술skill을 요구하는 사태, 행동 또는 관계"를 일컫는다. 우리가 경험의 영역에만 머물 경우 수단-목적이라는 생각과 행위에 붙잡혀 도구주의의 악에 굴복할 수 있다. 따라서 "그것이 어떤 느낌인지"라는 '체험'의 내적 관찰이 부단히 필요하다. 잘 만들기 위해서는 만드는 자의 자긍심도 필요하다. 오랜 기간에 걸쳐 익힌 기술이 주는 자긍심은, 금전적 보상이라는 도구주의에 속박되지 않는 까닭에 무엇보다 중요한데, 이 또한 잘 만든 사물을 감상하는 능력과 칭송하는 인식이 사회적 수준에서 이루어져야 가능하다. 모든 가치의 중심을 돈에 두는 사회에서는 불가능한 일이다.

짓기를 통한 해방은, 탈脫도구주의 만들기 곧 만들기를 오직 수단으로 취하는 생각과 행동으로부터 벗어나게 하는 방식에 한정되지 않는다. 지어낸 사물 그 자체를 통한 해방도 생각해볼 수 있다. 드물기는 하지만, 어떤 대상들은 공간처럼 해방적이다. 예술작품들이 대개 그러한데, 시詩 혹은 시적인 사물이 그것의 전범이다. 시가 된 사물은 우리로 하여금 일상적 기능의 연관으로부터 벗어나게 함으로써, 일상을 다시 돌아보게 한다. 앞서 언급한 헤이덕의 건축이 그러하다. 어떤 사물은 해방적이다. 사물이 그저 도구로서만 존재하기보다 그것을 넘어 그 바깥의 존재나 그것을 구성하는 세계를 나타내 보일 때 그러하다. 예컨대 하이데거가 썼듯, 항아리는 하늘과 땅과 신성한 것들과 인간을 드러내고, 그리스 신전은 아무것도 모사하지 않은 채 고요히 머물면서 "허공의 보이지 않는 공간을 보이게" 하고 대지를 대지로서 출현하게 한다. 바위를 바위로서 출현하게 한다. 건축의 영역에서는 '구축의 시학'을 뜻하는 텍토닉tectonic 개념이 그에 해당한다.[48]

텍토닉적인 건축은, 젬퍼Gottfried Semper가 개진한 바에 따르면, 그것을 구성하는 사회적·문화적 환경을 나타내 보인다. 그는 특히 건축을 화로, 토루(기단), 뼈대와 지붕, 둘러싸는 막이라는 네 가지 요소로 구성되는 것으로 파악하는데, 그 요소들은 각각 세라믹, 석공, 목공, 섬유라는 네 가지 산업의 소산

48　프램튼(Kenneth Frampton)의 주장에 따르면, 현대건축은 공간과 추상적 형태만큼이나 늘 구조와 구축과 관련한다. Kenneth Frampton, *Studies in Tectonics Culture: The Poetics of Construction in Nineteenth and Twenties Century Architecture*, ed. by John Cava, The MIT Press, 1995.

이다. 그러한 까닭에 건축은 그것을 이루는 사회적 구성물들의 몽타주로서, 그 자신을 둘러싼 다른 영역들과 관계한다. 그리하여 사용과 촉각을 통해 우리의 주의注意를 흡수해서 우리로 하여금 더 큰 총체성을 향하게 한다. 건축은 또한 자연(중력, 풍경, 빛, 바람 등의 힘들)과 관계하는 방식으로 우리로 하여금 집합적 경험을 갖게 하는 기반이기도 하다. 캐이길Howard Caygill 현대 유럽철학 교수는 이렇게 제시한다. "건축은 인간과 기술이 상호작용하는, 촉각과 사용의 견지에서 타협을 수행하는 주된 터를 제공한다. 그것은 경험의 조건이자 대상으로서, 기술적 자연physis이 출현하는 사변의 터다."[49] 그리하여 과거와 현재의 기술적 경험을 접합부에 (텍토닉적 해결의 변증으로) 명료하게 함으로써, 건축은 우리로 하여금 더 큰 시간의 맥락에 위치시킨다. 한마디로 건축은 사회적·문화적·기술적·역사적 맥락 속에 위치한다는 것, 그래서 건축은 그 바깥의 세계(들)를 드러낸다는 것이다. 그리하여 젬퍼는 건축을 춤과 음악에 유사한 비모방적 예술로 본다. 음악과 춤이 모방예술과 다른 것은, 본질적인 것과 잉여적인 것의 구별이 거의 불가능하다는 데 있

---

49 Gevork Hartoonian, *Crisis of the Object: the Architecture of Theatricality*, Routledge, 2006, 41쪽.

다. 그러므로 사물로서의 건축이 해방적일 수 있는 것은, 마치 장식처럼, 우리의 주의를 끌어당겨 그 자신 속에 머물게 하지 않고, 그것을 둘러싼 더 큰 맥락(들) 혹은 세계를 향하게 하기 때문이다.

그렇다면 오늘날의 건축은 어떤가? 우리 당대의 건축도 건축 너머의 것들, 건축 바깥의 것들을 드러내는가? 비평가들의 대답은 이구동성으로 부정적이다. 프램튼Kenneth Frampton과 하투니안Gavork Hartoonian의 진단에 따르면, 후기 자본주의는 건축을 상품으로 환원시켜 모든 표현을 전시 가치 곧 스펙터클한 이미지로 수렴시킨다. 그리하여 "건축은 시노그래픽scenographic의 영역으로 격하된다."[50] 컴퓨터 기술로 생산하는, 눈길을 붙잡기 위한 여러 현란한 형태들은 물신화된 상품과 경쟁할 뿐, 어떤 집단적 기억도 당대적 삶의 조건도 담보하지 않는다. "후기 자본주의에서는 모든 것이 '디자인되며' 건축을 포함하는 모든 생산물들이 '쿨'하게 보여야 한다."[51] 프램튼이 구별한 세 가지 건축사물(도구적 필요에 직접 부응하는 기술적 사물, 배경그

50　　같은 책, 11쪽.
51　　같은 책, 41쪽.

림 같은 시노그래픽 사물, 텍토닉적 사물) 중 두 번째가 지배적인 시대라는 말이다. 한국에서는 배경그림보다 '튀는 이미지'라는 표현이 알맞다.

텍토닉은, 앞의 두 비평가에 따르면, 상품화 물결에 떠밀려 의미 없는 스펙터클로 전락하는 건축에 저항하는 하나의 길이다. 프램튼은 건축형식의 본질인 구조로 회귀할 것을, 그리해서 구조를 시적으로 나타냄으로써 의미를 찾기를 요청하고, 하투니안은 자연과 존재론적 관계를 이루는 데 핵심인 촉각적 감성과 텍토닉 해법을 과거로부터 복구해서, 현재의 기술적 경험과 병치하기를 요청한다. 둘 모두 사물을 통한 해방의 길이라 할 수 있는데, 전자가 사물의 고유성을 확보함으로써 그리하고자 하다면, 후자는 사물을 둘러싼 더 큰 맥락 혹은 세계를 드러내게 함으로써 그리하고자 한다. 전자는 텍토닉의 전통에, 후자는 텍토닉의 현대적 해석인 몽타주에 희망을 걸어 비록 방향은 서로 다르지만, 두 사람 모두 "건축은 감성으로 고양된 구축"이라는 싱켈Karl Friedrich Schinkel의 언명을 지향한다는 점에서는 같다.

젬퍼가 도입한 '연극적 텍토닉' 혹은 텍토닉적 연극성theatricality은 해방의 견지에서 특히 거론할 만하다. 그로써 구축의 시학이 더 큰 문화영역 속에 위치하기 때문이다. 하투니안은 그 것을 발전시키기 위해, 미국 시인이자 수필가이자 편집인이 자 문학 학자인 번스타인Charles Bernstein이 시를 다른 형식의 글 쓰기와 구분하기 위해 동원한 연극성 개념을 가져온다.[52] 우리 가 잘 알다시피, 시는 형식과 기술적 수단을 통해 글의 투명성 (도구적 기능)을 초월하는 글 공작인데, 번스타인에 따르면 '흡 수absorption'와 '침투불능impermeability'이라는 두 극 사이에서 글 과 독자의 관계를 변형함으로써 그리한다. 여기서 흡수는 독자 의 시선을 사로잡는 것을, 침투불능은 "산만, 탈선, 위반, 바로 크" 등을 뜻한다. 19세기의 건축과 문학은 그가 제시한 몇 가지 흡수의 기법을 썼는데, 예컨대 건축을 픽처레스크picturesque 환 경에 통합시키려고 한 낭만주의적 탐구가 그에 속한다. 그리고 침투불능은 다다와 초현실주의가 동원한 충격, 위반, 낯설게 하기 기법들에 해당한다.

연극성 개념을 떠받치는 것은 '피복dressing'과 몽타주 개념인 데, 뵈티허Karl Bötticher가 개진한 텍토닉의 핵심형식과 예술형

52　같은 책, 32쪽.

식 개념에서 젬퍼가 끌어냈다. 건축은 물리적으로 존립하는 데 필요한 구조(핵심형식) 곧 구축에, 무언가(예술형식)를 첨가함으로써 성립한다. 건축에서는 바로 그 '무언가'가, 구축된 공간의 목적에 온당한 감각과 감정을 불러일으키는 역할을 떠맡는다. 젬퍼는 그 '무언가'를 피복(가면) 개념으로 옮김으로써 건축을 생활세계와 존재론적 관계를 만든다. 젬퍼뿐 아니라 그의 동시대의 거인인 바그너와 니체 또한 드라마와 무대세트 디자인에 주목해서 연극성 개념을 탐색했는데, 그들이 그로써 드러내고자 한 것은 삶의 드라마다. 싱켈과 젬퍼는 건축을 '인간 경험을 수용하는 틀'로 보았다. 그리고 그러한 틀은 우선 보는 자를 흡수하고, 그러고 나서 그/녀의 시선을 삶의 드라마로 돌려야 마땅하다 여겼다. 젬퍼가 보기에 기념비적(불후의) 건축은, '장식된 헛간'이나 언어의 도상적 재현 그 이상이다. 그리하여 그에게 건축은, "춤과 안무를 위한 원시적 의미의 집단모임과 유사한 앙상블을 이루는 활기찬 부분"[53]이다. 그에 따르면, 기념물들은 군중, 성직자, 행렬 등 심지어 주변의 모든 것들까지 염두에 두고 디자인되었다. 그러한 요소들을 모두 하나의 공동무대에 올리도록 의도된 비계飛階였다. 그리하여 그의 피복은

---

53   같은 책, 39쪽.

궁극적으로 그 자체가 무대세트 곧 연극적 몽타주로 변한다.

피복(예술형식) 개념에서 중요한 것은, 그것은 핵심형식이 존재할 때라야 비로소 의미를 갖는다는 점이다. 젬퍼는 다음처럼 썼다. "은폐하기는 그러나, 가면 뒤 사물이 가짜거나 가면이 좋지 않으면 소용없다."[54] 따라서 젬퍼에게 텍토닉은, 예술형식이 핵심형식과 '구조적·기술적 의미'라기보다 '구조적·상징적 의미'로 관계되는 우주적 예술로서, 피복이 환기할 것으로 예측되는 감각들과 구조체계가 대화적 관계를 형성해야 마땅하다. 프램튼은 핵심형식을 이루는 요체에 해당하는 접합joint 개념을, 피복(가면) 개념을 통해 이접離-接, dis-joint까지 확장시켜 '만들기와 드러내기' 곧 시작詩作으로 제시한다. 직사각형 유리박스 형상의 미스의 〈50×50〉 주택이 하나의 사례다. 거기서 기둥들은 사각형 모서리가 아니라 집을 둘러싸는 유리판 한가운데, 그리고 마치 상부와 하부의 슬라브에 부착된 듯, 바깥에 위치한다.

---

54 "Masking does not help, however, when behind the mask the thing is false or the mask is no good." 같은 책, 221쪽.

그리고 피복이 하나의 형식으로서 의미 있는 상징이 되어 인간의 자율적 창조물로 출현하기 위해서는, 현실 곧 물질을 필히 부정하고 넘어서야 한다. 형식은 근본적으로 비물질적이기 때문이다. 그런데 모든 예술적 창조는 물질 없이는 불가능하다. 오직 물질로써만 가능하다. 따라서 물질을 부정하고 거부하기 위한 절대적 조건은 그것의 온전한 숙달이라 할 수 있는데, 그것은 오직 기술로써만 가능하다. 완벽한 기술로 물질을 그 속성들에 따라 합당하고 온당하게 다룸으로써, 그러니까 그 속성들을 사려 깊이 받아들여 그것으로 형식을 창조함으로써, 물질은 망각될 수 있고 예술적 창조가 그로부터 완전히 자유로울 수 있다. 예컨대 라이트Frank Lloyd Wright의 건축이 그러한데, 하투니안은 이렇게 썼다. "가소성 개념은 라이트의 텍토닉 형상을 이해하는 데 필수적이다."[55] 여기서 가소성이 뜻하는 것은, 결과적으로 명백한 '구축된 효과'의 온전한 부재다. 이것은, "재료의 특성과 속성이 형식 속으로 흘러들어가거나 성장해가는 것처럼 보인다는 것"을 의미한다. 예컨대 〈유니티 교회Unity Temple〉의 네 개의 육중한 콘크리트 사각기둥은, 공간

---

55   개복 하투니안, 『건축 텍토닉과 기술 니힐리즘』, 이종건 옮김, 스페이스타임, 2008, 122쪽.

의 폐합에서 벗어남으로써 구조 요소의 직접적 표현을 거부하는 형상을 띤다. 칸Louis I. Kahn의 〈리처드 의학연구동Richards Medical Research Building〉의 모서리 벽돌 피복은 보의 텍토닉 형상을 드러낸다. 칸에게 텍토닉은, 구조를 장식적으로 명료하게 하는 터다. 밴햄Reyner Banham은 칸의 그러한 해법이 '기술적 측면과 전통적 측면을 융합하는 지점'으로 우리를 데려간다고 결론짓는다. 미스는 "미학적인 모든 것, 모든 교의들, 그리고 모든 형식주의"[56]를 거부하고 오직 짓기 술術의 내재적 본질에 주목한다. 외부의 어떤 미학이나 양식의 의도를 거부한 채, 구축의 견지에서 재고한다. 그리하여 건축을 '오직 그러해야 마땅한 것' 곧 짓기로 복원한다.

연극성 개념은 우주까지 끌어들인다. "연극은 인간의 '우주적 본능'으로서, 인간은 그로써 자신의 '작은 세계'를 창조하여 자신과 세계 간의 만남을 매개한다."[57] 피복과 가면은 인류문명만큼이나 오래되었다. 젬퍼는 그리하여 건축을 춤과 음악에 유사한 우주예술로 이론화한다. 그는 또한 항차 구축된 형태를

---

56   같은 책, 131쪽.
57   개복 하투니안, 2006, 같은 책, 37쪽.

두 개의 별개의 물질적 절차 곧 프레임의 텍토닉스와 압축매스의 절삭법stereotomics으로 나누어 존재론적 의미를 펼쳐낸다. 골조framework는 기체성과 매스의 비물질화를 지향하는 반면, 매스 형식은 대지大地적이어서 자신을 땅속 더 깊이 박기를 지향한다. 전자는 빛을, 후자는 어둠을 향한다. 이러한 두 중력적 대립 곧 프레임의 비물질성과 매스의 물질성은 두 우주적 대립 곧 하늘과 땅을 상징한다. 그리고 투명함–불투명함, 매끄러움–거침도 나타낸다. 르 코르뷔지에는 크리스털 궁Crystal Palace을 중력에 대한 가벼움의 승리로 묘사했다. 피아노Renzo Piano의 〈바이엘러 재단Foundation Beyeler, Riehn〉은, 마치 미스의 〈바르셀로나 파빌리언Barcelona Pavilion〉이 풍경과 물과 하늘과 대화를 나누고 있다는 지각을 열어주듯, "지붕이 벽과 부지와 텍토닉 대화를 나누는 것"을 명료하게 보여준다. "물과 하늘과 빛이 지붕과 벽의 텍토닉을 조직해 기념성을 일깨운다."**58**

한국인의 심성 저변에는 하늘과 땅과 사람이 서로 소통하고 통일성을 이루는 무巫 의식이 짙게 깔려 있다. 무巫라는 글을 이루는 획이 가리키듯, 그것은 '천지인 합일'을 내연한다. 단군신

58　　같은 책, 148쪽.

화에서 삼극[59]은 하늘(환인), 땅(환웅), 인간(단군) 곧 천지인天地人을, 천지인은 우주를 가리킨다. 동아시아에서는 하늘은 동그랗고 땅은 네모라는 천원지방天圓地方론으로 천지와 기하학을 관계시킨다. 건물을 이루는 지붕과 몸체와 기단 또한 각각 천지인과 연관된다. 하이데거의 사방Fourfold 개념이 그러하듯, 사물과 사람은 우주적 존재다. 그러니 지붕과 바닥으로써 하늘과 땅을 불러오고, 공간과 사물로써 하늘과 땅과 사람을 합일시킬 수 있는 감응의 터는 이 땅에 이미 오래전부터 마련되었다고 할 수 있다. 2011년 노벨문학상을 수상한 스웨덴 시인 트란스트뢰메르Tomas Tranströmer의 시 〈불꽃 메모〉[60] 두 번째 연은 이러하다.

　　암울한 몇 개월 동안, 영혼은 움츠러들고 망가진 채 앉아 있었다.
　　하지만 육신은 당신을 향한 직선 통로를 택하였다.
　　밤하늘들이 울부짖었다.
　　우리는 우주의 젖을 훔쳐 먹고 연명하였다.

59　　천부경의 첫머리는 일석삼극(一析三極)으로 시작한다.
60　　「시가 있는 아침」, 중앙일보, 2016. 1. 19.

"우리는 우주의 젖을 훔쳐 먹고 연명"하는 존재이니, 해방의 한 갈래는 틀림없이 사물로써 우주를 불러오는 것이리라. 다만 사물이 도구적 연관으로 인해 투명해져 기호가 되지 않도록, 아도르노의 '미메시스'처럼 비개념적 닮기(지붕의 하늘 되기, 바닥의 땅 되기, 천지인 공간 감응하기)로써 그리해야 할 것이다.

이 지점에서 다른 방식의 인식론적 해방을 숙고하지 않을 수 없는데, 그것은 사물이 사물로서 머물도록 사물을 지키는 것이다. 스티븐스의 〈푸른 기타를 든 사나이The Man with the Blue Guitar〉(1937) 첫 번째 연은 이러하다.

> 남자가 자신의 기타로 몸을 구부렸다,
> 가위 든 사람처럼. 푸른 날이었다.
> 그들이 말하길, "너는 파란 기타를 가지고,
> 있는 그대로 연주하지 않아."
> 남자가 대꾸하길, "있는 그대로는
> 파란 기타에 따라 변해."
> 그러자 그들이 말하길, "그래도,
> 우리 너머에 있는 선율이지만 우리의 것을
> 정확히 있는 그대로

파란 기타의 선율을 연주해야지."

여기서 '사물들을 정확히 있는 그대로Of things exactly as they are에 따라' 연주하는 것이 뜻하는 바는, 그가 첫 시집에 발표한 자신이 가장 애호하는 시라고 했던 〈아이스크림 황제The Emperor of Ice Cream〉(1922)가 보여준다. 두 번째 연은 이러한데, 마지막 네 문장을 보라.

유리 손잡이가 세 개나 떨어져 나간
전나무 경대에서 그녀가 한때
부채꼬리딱새를 수놓았던 그 시트를 꺼내라
그녀의 얼굴이 잘 덮이도록 펼쳐라
만약 굳어버린 발이 삐져나온다면, 그건
그녀가 얼마나 차가운지 얼마나 무감각한지 보이기 위한
거다
램프로 하여금 빛줄기를 첨부하게 하라
유일한 황제는 아이스크림 황제다

시트 밖에 삐져나온 차갑고 무감각하게 굳어버린 발은 그 위에 비치는 램프불로 인해 더 차갑고 더 무감각하고 더 굳어

보인다. 아이스크림 또한 차갑다. 차갑지만, 죽은 몸과 달리, 감미롭고 부드럽다. 이 차갑고 감미롭고 부드러운 맛은 (상상 속에서) 우리를 죽음에서 벗어나 아이스크림에 빠져들게 한다. 그리하여 그것은 우리를, 삶의 세계를 지배한다. 녹아 없어지기 전 잠시 동안. 그러므로 덧없다. 죽음 앞에 모든 것이 그리하듯. 〈푸른 기타를 든 사나이〉에서 스티븐스가 말하듯, "있는 그대로Things as they are" 곧 즉자는, 칸트가 웅변했듯, 오직 우리가 연주하는 기타에 따라 변하는 대자로 나타날 뿐이다. 그러므로 사물이 사물로서 나타난다는 것은, 그것이 우리가 지각해온 대로가 아니라, 습관적 지각으로부터 벗어나 그러니까 우리로부터 벗어나, 독립된 고유한 존재로서 출현한다는 것을 뜻한다. 아이스크림이라는 사물은 비일상적 상황에서 부재不在의 존재로 불려나옴으로써 음식이 아니라 사물로 나타난다.

그런데 사물이 사물로서 곧 우리로부터 벗어나 존재하는 것이 어떻게 해방적일 수 있는가? 이 질문은 인간으로 나타나고 인간으로 존재하는 사태와 맞물린다. 바디우Alan Badieu가 썼듯, "인간성이란 그것의 내재적 비인간성의 요소를 누르고 쟁취하는 국지화된 승리들과 동일"한 것이라면, 인간성 너머 존재하는 것 곧 길들여지지 않은 (야생적) 사물은 그 자체가 해방적이라 할 수 있다. 따라서 바디우는 "비인간적인 것의 위험하고도 풍요로운 요소 안에서 인간성 자체의 너머에 존재하는 이 인간성의 상징적 재현을 창조해야" 한다고 주장한다.[61] 진리도 그렇고 윤리도 그러하다. 진리란 진리가 아닌 것을 은폐하는 한에서만 진리로 나타난다. 그리하여 바디우는 "진리 그 자체는 허구의 구조 안에 있다."고, 따라서 진리의 과정은 "새로운 허구의 과정"이니, '새롭고 위대한 허구'를 찾는 것이야말로 "궁극적인 정치적 믿음을 갖는 가능성"이라고 했다. 그에 따르면 오늘날처럼 세계가 어둡고 혼돈스러울 때 우리에게 정작 필요한 것은 "빛나는 허구를 통해 우리의 궁극적인 믿음을 지탱"하는 것이다.[62]

시야말로 그렇게 한다. 스티븐스에 따르면, 시는 '설명할 수 없는 것의 탐색'이다. 철학이 '말할 수 없는 것'에 대해 침묵할 수밖에 없다면(비트겐슈타인), 시는 철학이 끝나는 지점에서 시작한다. 철학자가 자신의 이성에 거한다면, 그리고 성직자가 자신의 믿음에 거한다면, 시인은 상상력에 거한다. 상상력은

---

61 알랭 바디우, 『투사를 위한 철학』, 서용순 옮김, 오월의 봄, 2013, 74쪽.
62 같은 책, 112쪽.

어떠한 것도 더하지 않은 채 사물을 사물로서 보도록 하기 때문이다. 그리하여 사물을 구원하고, 그로써 또한 우리 모두를 구원한다. 상상력을 통해서 나타나는 진실 곧 시적 진실이야말로 사실의 진실이기 때문이다. 스티븐스는 다음과 같이 썼다.

"진정한 상상력에 대한 최고의 정의는, 상상력은 우리의 모든 감관들感官—, faculties의 합이라는 것이다. 시는 학자의 예술이다. 상상력의 예리한 지성, 그 기억의 무한한 자원들, 지각하는 순간 소유하는 그 힘. 우리가 만약 빛 그 자체에 대해 말한다면, 그리고 대상들과 빛 간의 관계에 대해 생각한다면, 더 이상 입증할 필요가 없을 것이다. 빛처럼 그것은 그 자체 이외에 어떠한 것도 더하지 않는다. 빛이 하루 동안 걸려 할 일을 (…) 상상력은 눈 깜박할 새 한다. 언어에 색을 입히고, 언어를 증가시키고, 언어를 시작과 끝에 가져다놓고, 언어를 창조하고, 사람들을, 그리고 그것을 위해 사람들의 수준에 있는 신들을 부수고, 여인에게 말할 수 있는 것 이상을 말하고, 우리가 절대적 사실이라 불렀던 것으로부터 우리 모두를 구원하며 (…) 사실이란 시적 사실을 포함하는 까닭에, 시적 진실을 사실의 진실로서 확인한 바, 그러니까 상상력의 대상들과 구분할 수 없는 수많은 실제적인 사물들……"[63] (밑줄은 필

자가 쳤다)

'시적 진실'이라는 테제는 음악을 포함한 모든 짓기 술도 다를 바 없다. 작곡가 스트라빈스키Igor Stravinsky에게 진실 곧 음악의 진실은 '근본적인 것fundamental'이라 불렸던 "인간적 균형equilibrium"의 법칙을 가리킨다.[64] 그는 아름다움이 무엇인지 다음처럼 비유를 들어 썼다.

> "체스터턴G. K. Chesterton이 어디선가 이렇게 말했다. '우아하게 굴복하는 모든 것에는 저항이 있기 마련이다.' 화살은 단단하게 머물고자 하는 까닭에 휠 때 아름답다. 연민에 흔들리는 정의처럼, 약간 굴복하는 강성은 지구의 모든 아름다움이다. 모든 것이 곧게 자라고자 하지만, 행복하게도 아무것도 그렇게 자라는 데 성공하지 못한다. 똑바로 성장하려 해봐라. 그러면 삶이 너를 휘게 할 것이다."[65]

63 Wallace Stevens, *The Necessary Angel: Essays on Reality and the Imagination*, Vintage Books, 1951, 61–62쪽.

64 Igor Stravinsky, *Poetics of Music in the Form of Six Lessons*, Harvard University Press, 1993, 48쪽.

65 같은 책, 54쪽.

여기서 균형은 인간과 음악이 이루는 것으로서, 정신과 외부세계 간의 조화라고 할 수 있다. 작곡가는, 마치 동물이 먹을 것을 찾아 돌아다니듯, 그것을 찾아 이리저리 헤맨다. 사물들을 찾고자 하는 충동에 사로잡히기 때문이다. 정신이 만족할 수 있는 길을 찾는데, 그리하기 위해서는 먼저 그것을 갈구해야 한다. 그리고 갈구를 야기하는 것은 '맛보고자 하는 맛foretaste'이다. 선취先取된 맛이다. 그런데 그것이 주는 기쁨은 결코 저절로 오지 않는다. 먼저 자신의 주변을 예리하게 관찰해야 한다. 그러고서 모종의 사고accident로 인해 출현하는 사태에서 그것을 감지한다. 여기서 중요한 것은 그러한 사고는 전적으로 자신이 힘 바깥에 있다는 것, 그리고 자신의 주변 어디에서든 나타날 수 있다는 것이다. 사고로 인해 감지하는 것, 그것을 우리는 영감이라 부르는데, 작곡가는 그것을 붙잡고 그것이 요구하는 길, 더 정확히 말해 나의 내면과 음이 합치되는 길을 열어나간다.

스트라빈스키가 해명하는 이러한 작곡 방식은 스티븐스의 시작詩作과 그리 다르지 않다. 스티븐스 또한 이렇게 썼다. "시는 만족하지 못하는 사람이 낱말들로써 만족을 찾고자 하는 노고다."[66] 여기서 중요한 것은 무엇이 만족스러운지를 알아야 한다는 것이다. 물론 만족과 앎은 물고 물리는 관계다. 스트라빈스키 자신이 인용했듯, 중세 신학자들이 제시한 '사랑하기 위해 이해하는 것, 그리고 이해하기 위해 사랑하는 것'이라는 '순수한 사랑'의 문제와 다르지 않다. 사물에서 만족을 얻기 위해서는 사물이 존재하는 필연적 방식을 알아야 하고, 사물이 필연적으로 존재하는 방식을 알기 위해서는 사물에서 만족을 얻어야 하는데, 이 둘은 뫼비우스 띠 관계를 이룬다.

사물이 사물로서 존재한다는 것이 인간과 사물 간의 균형을 뜻한다면, 균형을 만들고 유지하는 것은 순전히 인간의 몫이다. 릴케는 작고하기 2년 전에 쓴 다음의 시에서 그것을 '체념의 조형'이라 생각한다.

> 새가 통과하여 날아가는 공간은 그대에게
> 그 모습 뚜렷한, 믿고 있는 공간이 아니다.
> (저 열린 공간에서 그대는 부정되고
> 돌아올 길이 없이 스러지고 말리니.)

---

66   Bart Eeckhout, *Wallace Stevens and the Limits of Reading and Writing*, University of Missouri Press, 2002, 268쪽.

공간은 우리에게서 뻗어 사물로 건너간다.

나무의 있음을 확실히 하도록, 그를 둘러

그대 안 본유의 공간에서 내면 공간을 던지라.

나무를 경계로 두르라. 나무는 스스로에

금을 긋지 않으니. 그대의 체념의 조형에서

비로소 사실에 있는 나무가 되니니.

　김우창 고려대 명예교수는 이 시의 말 '체념의 조형'을 자신의 책 제목으로 삼았는데, 그에 따르면, 인간은 자신의 '인지능력의 주관성'을 포기해야 사물의 본질에 닿을 수 있다. 낭시Jean Luc Nancy는 『무위의 공동체』에서 그것을 무위無爲로 풀이한다. 낭시에 따르면, 그것은 "사유의, 예술의, 사랑의, 단순한 삶의, 살아감이 전유하고 있는 삶의 질서"로서, "수동성 가운데 있는 것", "어떤 물러남 가운데 어떤 받아들임", "도래하게 내버려 둠" 혹은 "존재하게 내버려둠" 등을 뜻한다. 여기서 수동성은 열림과 같다. 중국의 사상가 양수명은 그것을 '머무름[止止]' 곧 우주의 포괄적 기의 순환에 동참해서 '자신을 잊고 대상을 놓아줌'의 상태에서 일어나는 '직각直覺'으로 해명한다. 직각은 변화에 감응하여 저절로 가장 옳고 타당하고 적절한 길로 나아갈 수 있는 앎과 능력, 혹은 일종의 정서적·감성적 본능을 뜻한다. 칸트의 무관심성 곧 '주체의 이해타산을 벗어난 자유로운 관심'도 그와 비슷한데, 나의 판단으로는, '맑은 마음'이라는 우리말을 써도 될 것 같다. 순수함, 밝음, 가벼움, 상쾌함, 또렷함, 분명함, 고상함, 덕스러움 등을 뜻하는 '맑음'은, 측은지심, 수오지심, 사양지심, 시비지심 등을 불러일으키는 바탕이라 할 수 있기 때문이다.

사물이 요구하는 바에 따라 사물 고유의 질서를 지어나가는 것으로는, 미스가 또다시 전범이다. 노이마이어는 다음과 같이 썼다.

"새로운 건축을 위해 미스가 무엇보다도 가장 높이 설정했던 가치는 영원한 자연의 진리에 대한 결속감과 심원한 내면적인 삶이었다. 한마디로 그것은 '참됨'이었다. '건축Bauen'의 지위는 자율성을 획득한 건축Architektur이어야 했다. 이 건축 Architektur은 가장 고유하고 본원적인 문법을 '내적 필연성'으로부터 발전시키고 근거로 삼되, 외부에서 끌고 들어온 주장이나 이론들의 지배를 받지 않는 것을 의미했다."**67** (밑줄은 필

67   프리츠 노이마이어, 2009, 같은 책, 161쪽.

자가 쳤다)

그는 또 이렇게 썼다.

> "미스는 건축을 절대 무 상태로 환원했다. 이 상태에서 건
> 축은 단순한 조건들로부터 마치 스스로 성장해가듯이 생성
> 되는 것이다."[68] (밑줄은 필자가 쳤다)

미스의 건축은, 앞서의 '체념의 조형'이나 '무위'나 '머무름'
이나 '무관심성'으로 설명하기 어렵다. 오히려 헤겔이 제시한,
이념을 통한 주관과 객관의 통일이 더 적절한데, 그것은 미스
의 다음의 말로써 알 수 있다.

> "그러나 이 가치의 문제야말로 결정적으로 중요합니다. 가
> 치판단의 척도를 얻기 위해 우리는 새로운 가치를 세워야 하
> 고, 궁극적인 목적이 무엇인지 분명히 해야 합니다. 왜냐하면
> 어느 시대든지 정신이 존재할 수 있는 가능성을 제시하는 곳
> 에서만, 시대는 의미와 권리를 가질 수 있기 때문입니다."

68   같은 책, 238쪽.

정신이 존재할 수 있도록 하는 것은 가치라는 점에서 가치는 이념(노이마이어의 표현으로는 "관념")이라 불러도 무방한데, 그로써 "사실과 의미, 객체와 주체는 "질서의 논리를 통해 관계를 맺고, 이렇게 맺어진 관계를 근거로 삶이 비로소 의미를 지니게 된다."[69] 다른 말로 하자면, 그로써, 인간은 자신의 세계와 온당한 관계 곧 균형을 확립한다.

한마디로, 사물을 통한 해방의 과업은 사물을 시로 지어내는 데 있다고 할 수 있다. 독일 대문호 괴테에 따르면, 세상에서 해방되는 데 예술보다 더 좋은 것은 없다. 그리고 세상과 확실한 관계를 갖는 데에도 예술을 통하는 것이 가장 좋다. 그에게 모든 예술의 궁극적 원리이자 최고의 목표는, 아름다움이다.

69　같은 책, 14쪽.

5

공간, 장소 그리고 환경

서양이 공간을, 공간의 해방 가능성을 발견한 것은 매우 늦다. 신이 만든 세계는 빈틈 없이 완벽하게 짜여진, 모든 곳이 의미로 채워진 곳인 까닭에, 세계 내 텅 빈 공간을, 우리의 세계로부터 '빠져나가는' 혹은 '빠진' 공간을, 오랫동안 상상할 수 없었다. 건축에서 공간이라는 말을 쓰이기 시작한 것은 20세기 직전이다. 슈마르조August Schmarsow가, 뵐플린Heinrich Wölfflin이 자신의 책 『르네상스와 바로크』에서 개진한 양식발달 이론에 대한 비판으로, '공간' 개념을 1890년대에 형식화함으로써 '공간'에 관한 건축 담론이 개시되었다. 콜쿠혼Alan Colquhoun이 썼다시피,[70] 물론 그 전에도 모든 사람들이 건축공간을 지각해 왔다. 제대로 인식하지 않은 채 말이다. 그러니까 슈마르조가 한 일이란, "항상 존재해온" 것을 개념어로 만들어 건축가들이 공간을 지각하는 방식을 변화시키는 데 공헌한 것이라고 할 수 있겠다. 그리하여 공간은 이제 하나의 긍정적 실체로서, 전통적인 범주의 텍토닉 형태나 표면은 '그 안에서' 발생한다. 그로부터 공간은 건축가들에게 선재하는 무제한적인 무엇으로서, 연속성, 투명성, 불확정성 등에 새로운 가치를 부여한다.

이러한 추상적이고 미분화된 공간 개념은 20세기 도시 공간 형성에 막대한 영향을 초래했다. 예컨대 아방가르드 건축가들은 1920년대 지들룽Siedlungen처럼 주변을 형성해 중정을 둘러싸는 전통적인 형태의 거주단지를 폐기하고, 그 대신 나란히 자유롭게 서 있는 슬라브slab들을 만들어내려고 애썼다. 르 코르뷔지에와 힐버자이머Ludwig Hilberseimer가 그려낸 이상적인 도시는, 바다와 같이 텅 빈 아무도 없는 공터no-man's-land에 고층 주거건물들이 질서를 이룬 채 충분히 떨어져 '자유롭게' 서 있다.

70　Alan Colquhoun, *Modernity and the Classical Tradition: Architectural Essays 1980–1987*, The MIT Press, 1991.

주지하다시피, 공간은 또한 20세기 초 현대건축의 핵심어이자 건축의 본질이다. 그리고 마땅히 시대성(아인슈타인의 시공간 통합과 큐비즘 공간 개념)과 맞물려 새롭게 구성되어야 했다. 건물의 안과 밖이 상호관입하고, 이곳과 저곳이 동시에 보이고, 이것과 저것이 중첩 속에 새로운 공간감을 형성하며 현상하고, 공간이 어디서나 자유롭게 흐르는 것이어야 했다. 로우C. Rowe와 슬러츠키R. Slutzky는 그러한 공간 현상을 투명성 개념으로 미학으로 형식화했다.[71] 공간의 추상성 혹은 공간성은 현대건축의 요체였다.

그런데 공간에 대한 몰두와 탐닉은 장소 감각을 소홀히 하는 결과를 초래했다. 사람들이 추상 환경에서는 오직 차가움과 소외감밖에 느끼지 못한다는 사실을, 건축가들이 불현듯 각성했다. 그리해서 지구촌 여기저기 출현한 것이 소위 '장소성' 개념이다. '장소성 상실'은 모더니즘 건축에 대한 비판의 한 축을 이루며 '지역주의 건축'을 요청하는 데까지 나아갔다. 이제는 공간이 아니라 장소가, 그러니까 해방이나 자유로운 공허가

---

71 투명성 개념을 파악하기 위해서는 필자의 다음 졸고를 보라. 〈로우와 슬러츠키의 투명성 개념의 해석과 확장에 관한 연구〉, 《대한건축학회지》, 제25권 12호, 2009.

아니라 삶의 닻을 이루는 땅[72]이야말로 공간생산자들이 붙잡아야 할 핵심어가 되었다. 그리고 그것은 하이데거 철학에 기댄 건축이론가 노르베르그 슐츠Christian Norberg-Schulz나 철학자 바티모Gianni Vattimo와 같은 이들에 의해, 현대성이 야기하는 소외감과 국제건축양식International Style으로 인한 무장소성에 저항하는 방편이 되었다. 특히 하이데거의 "짓기 거주하기 사유하기Building Dwelling Thinking"(1951)는 여기저기 할 것 없이 수많은 현대 건축가들로 하여금 거주하기의 측면에서 땅을 적극 숙

72 "그런데, 대지란 도대체 무엇인가? 르 코르뷔지에가 '건축구성의 기반'으로 규정한 집터(site)인가? 후설이 주장한 바 있는 '우리의 신체성(corporeality)과 우리의 살(flesh)로 구성된 본디의 토대', 그래서 천체들에 선재하고 행성들과 달리 완전한 부동자로서, 우리가 어디든 갈 수 있고 무엇이든 할 수 있게 해주는 현상학적 토대인가? 아니면 하이데거가 해명한 바 있는, '오직 은폐되고 설명되지 않을 때만 자신을 보여주는', 정확히 바로 그런 연유로 땅 위에 존재하는 인간의 거주를 가능케 하는 토대인가? 건축에서의 대지는 또한 어떤 것인가? 자연적인 것인가, 인공적인 것인가? 사회적인 것인가, 역사적인 것인가? 건축여행을 통해 발견했다고 주장하는 르 코르뷔지에의 주장처럼, 건축이 표현해야 할 대상인가? '건축은 무거움 혹은 중력을 극복하는 예술'이라는 쇼펜하우어의 생각에 기초해서 뵐플린(H. Wölfflin)이 서술했듯, 사물 속에 내재하는 생명력이라는 의지가 극복해야 할 무정형의 덩어리인가? 그래서 르 코르뷔지에가 자신의 건축 작업을 통해 보여준 것처럼 기하학을 통해 지배해야 할 대상인가? 그렇지 않으면, 한국 전통건축의 유일한 특질인 양 지겹도록 회자되는, 건물이 순응하고 방해 없이 조화롭게 끼어들어야 할 선재적(先在的) 지반인가? 다시 물어, 우리에게 대지는 무엇인가? 좀 더 특정하게, '현대세계' 혹은 '현대성'에서의 대지는 무엇인가? 자연주의가 지배적인 고대세계에서처럼 여전히 단단하고 부동하고 안정된 토대인가? 그래서 건축이 순응해야 하거나 융합해야 할 대상인가? 건축이 표현해야 할 내용인가? 혹은 다스려 지배해야 할 형식인가?" 이종건, 『문제들』, 시공문화사, 2014.

고하도록 만들었다. 하이데거에 따르면 건물은, 마치 현존재 Dasein가 상황 지워져 있듯, 그것이 지어지는 장소 곧 땅에 속해야 마땅하다. 그에 따르면, 그리스 사원은 그것을 둘러싼 장소에 극히 자연스럽게 속해 있어서 마치 그로써 '출현'한 듯하다. 그리하여 그는 다음처럼 묻는다. "모든 예술작품은 그 본디의 땅에 뿌리를 내림으로써 꽃피우는 것이 아닌가?"

그런데 고향Heimat 혹은 고국homeland을 함의하는 하이데거의 땅은, 도시가 아니라 농촌, 곧 자연과 전통이 지배하는 슈바르츠발트Schwarzwald; Black Forest 곧 알라만-스와비아Alemannian-Swabian다. 그뿐 아니라, 파시스트 이데올로기가 일관되게 동원한 수사修辭와 결을 공유한다. 그리하여 더 큰 신체와 동일시함으로써 에고를 강화하고 보호하고자 하는 전체주의나 국가주의와 동일한 사태를 지향한다. 정체성을 땅에 속한 것으로 간주함으로써, 그렇지 않은 자들을 배제해야 할 타자로서, 동일성에 근거한 집단의 위협으로 다룬다.

리오타르Jean-François Lyotard는, "Domus and Megalopolis"라는 글로써 그것이 지닌 문제를 건축의 맥락에서 다루는데, 논지는 간단하다. 전통적인 집을 가리키는 도무스domus는, 고대로마시대 이후로는 불가능한 늙은 아이의 꿈 곧 환영에 불과하다. 오늘날의 도무스는 메갈로폴리스Megalopolis적 삶의 산물 곧 '잃어버린 전통적 삶의 노스탤지어'로서 신화에 불과하다. 문제는 그것이 신화라는 점이 아니라 그로써 정체성의 미혹이 생겨난다는 것이다. 그리고 그로써 차이들을 억압한다는 것이다. 소련 해체 이후 특히 동부와 중부 유럽 국가들에서 일어난 지역주의 건축운동이, 한편으로는 공산주의 시대의 밋밋한 공공건축에 대한 해독제로 출현하고, 다른 한편으로는 그와 동시에 신화적 정체성에 토대를 둔 국가주의를 부양함으로써 타자들(유대인과 집시와 같은 사회 떠돌이들)에 대해 배타적 입장을 취한 것은, 지구화시대의 다민족 삶에 드리우는 어두운 그림자가 아닐 수 없다.

땅은 오늘날 건축의 자명한 원천이 아니라, 현대성 안에서 비판적으로 해석해야 할 대상이다. 그런데도 조성룡, 민현식, 김인철, 승효상 등 우리 선배 건축가들은 여전히 땅을 건축의 근원으로 삼는다. 최근에 삼성미술관 리움에서 진행한 건축전시회 제목도 '한국건축예찬—땅의 깨달음'전이다. 땅은, 적어도 한국 '옛' 짓기 술의 맥락 안에서, 특히 그들에게 건축의 절대적인 출발점이자 지향점이다. 그리고 이 점은, 아마도, 한국이나 동아시아에 한정되는 것이 아니라, 고대세계 혹은 계몽 이전 시대에 속한 모든 곳이 다르지 않을 것이다. 현대세계가 아니라 그 이전 세계 말이다.

오늘날 땅은, 그리고 거주는 어떠한 것으로 나타나는가? 니체가 제시하는 현대의 땅은 방향도 없고 중력도 없는 '가벼운 것'인데,[73] 이것은 작금의 한국에서 땅이 자본이라는 엄연한 사실로써도 충분히 납득할 만하다. 자본은 무방향적이고 지극히

---

73 "존재하는 모든 것을 원인과 결과의 연관에서 부품 혹은 재료로 닦달하는 현대세계에서는 '신마저도 (⋯) 모든 성스러움과 지고함과, 그 자신의 간격의 신비스러움을 상실'해버린다. 그리하여 『공산당 선언』에서 마르크스는, 현대 부르주아 사회에서는 '단단한 것은 모두 공기로 분해'되고, '성스러운 것은 모두 세속화'된다고 공언한다. 사물이 사물의 고유한 가치와 의미를 잃으면서 사용가치는 교환가치로 소비되고, 바야흐로 니체의 니힐리즘이 자본주의 공간에서 온전히 실현된다. 인간(homo)이 비롯되는 것(곳)이자 죽어서 환원될 것(곳)인 대지(humus)도 무게를 잃는 운명을 피할 수 없다. 니체는 차라투스트라의 이름으로 대지를 '가벼운 것', '무중력의 것'으로 고쳐 명명한다. '언젠가 인간에게 나는 것을 가르칠 자는 모든 경계석들을 옮겨 놓을 것이다. 경계석들 그것들이 그 앞에서 공기 속으로 날아오를 것이고, 그는 대지를 '가벼운 것'이라 이름 지어 세례를 베풀 것이다.' 니체에게서 대지가 가벼워지는 것은, 위와 아래, 안과 바깥, 중심과 주변 등을 구성하는 경계석들이 치워져 어디든 가운데밖에 없고, 영원에 이르는 길이 구부러지며, 도(the way)가 사라지기 때문인데, 이로써 신의 죽음 혹은 최고 가치들의 평가절하로 대변되는 니힐리즘이 도래된다. 참이 참일 수 있도록 종국적으로 보장하는, 그러니까 참과 거짓의 경계석인 궁극적 진리가 초월적으로 존립할 수 없는 한, 참과 거짓의 구분은 권력이나 수사학에 불과하다. 니체의 표현으로, '세계는 우화(偶話)가 되었다.' 따라서, 경험이든 인식이든, 진리 혹은 본질 혹은 실재 혹은 부동의 토대 등을 내세우고 천착하는 모든 몸짓, 그러니까 소위 '진정성의 파토스(pathos of authenticity)'로 성격지을 수 있는 것은 모두, 니힐리즘을 완수하는 것이 아니라 그것에 저항할 뿐이다." 이종건, 같은 책.

가벼우니 말이다. '지금 여기'의 땅은 경제의 방편이지, 거주와 짓기 술의 근거가 아니다. "그것(고유한 무늬를 지니고 있는 땅의 역사를 기억하는 것)만이 삶의 윤리를 지키는 일"이라 주장하는 승효상은, 어떤 시점의 땅의 역사까지 거슬러 올라가야 한다고 말하는지도 알 수 없지만, 무엇보다도 땅이 도대체 오늘날 어떤 존재로 나타나는지 전혀 숙고하지 않는다는 점에서, '지금 여기'가 아니라 '그때 거기'의 세상에 갇혀 있다. 이것은 정확히 자연과 전통이 단단한 근간을 이루는 옛 삶의 세계에서 거주하기의 본질을 찾는 하이데거와 그리 다르지 않다. 우리의 주거형식의 과반을 차지하는 아파트의 평균 거주기간이 4.5년에 불과한 오늘날, 거주는 정주가 아니라 잠정적 머묾 곧 '지나감passing' 속에 성립할 수 있을 뿐이다. 리오타르는 앞의 책에서 다음과 같이 썼다. "그래서 오직 통과, 전이, 번역 그리고 차이뿐이다. 지나가는 것은 모빌 홈이나 목동 오두막 같은 집이 아니다. 우리가 거주하는 것 자체가 지나감 속에 있다."[74]

땅도 거주도 더 이상 부동의 무엇이 아닌 것은, 오늘날의 삶

---

74 "So only transit, transfer, translation and difference. It is not the house passing away, like a mobile home or the shepherd's hut, it is in passing that we dwell."

이 도무스domus가 아니라 메갈로폴리스Megalopolis에 속해 있기 때문이다. 땅은 자본이고 거주는 일시적이며, 정보통신 기술은 물리적 거리를 시간적 거리로, 아날로그 관계망을 디지털 공간으로 옮긴다. 정체성은 장소보다는 직업과 소유와 더 관계하고, 직업과 소유는 결코 영구적이지 않다. 현대적 삶의 근거는 돈과 건강이며, 자연은 도시의 부속물로서 위락의 대상이다. 경제와 질병은 지구적 차원과 무관하게 작동할 수 없으며, 오늘날의 자연은 인공물이 숲을 이루는 도시다.

땅이 이제 더 이상 건축의 근원이 될 수 없다면, 장소(성)는 어떤가? 기술은, 가능한 모든 것을 자신 아래 두고자 하는 현대인의 욕망에 따라 먼 것을 가깝게 만든다. 그리하여 본디의 가까움이 차별받고 위태롭다. 기술은 또한, 장소들을 지구적 규모로 연결시켜 지역의 경계를 불명확하고 약하게 만든다. "(…) 경계의 불명확성, 그리고 공간 관계의 증가는 장소화를 어렵게"[75] 만든다. 그리고 "장소의 장소성은 내부의 역사에서 도출되는 것이 아니다. 그것은 정확히 말해 '바깥세상'과 상호작용의 특수성에 더 많이 좌우"되고, 그리하여 "단일하고 미리 주

---

75   마르쿠스 슈뢰르, 『공간, 장소, 경계』, 정인모 · 배정희 옮김, 에코리브르, 2010.

어진 정체성을 지니지 않는다."[76] 우리는 목하 지구화시대에, '공기상에 지을, 허공 속에 지을 필요'에 직면한다.

현대성 앞에서 장소 개념의 유용성이 위축되면서, 공간생산 담론에 앞서의 '공간'이나 '장소성'처럼 하나의 뚜렷한 개념어로 나타난 것은 그리 없다. 프램튼이 내세운 '저항'으로서의 지역주의도 뭇 비판들로 약화되었고, 심지어 지난 반세기 가장 뜨거운 (프랑크푸르트학파의 비판이론에 근거한) 비판성 개념마저 미국에서는 사회적 성분이 표백되고 미학화되어 거의 소멸되다시피 했으며, 그나마 유럽에서 기든스A. Giddens가 형식화한 '작인agency'과 같이 유연한 개념으로 대체되어 이어지는 형국이다. 지난 20여 년 베니스비엔날레 주제들을 훑어보면, 사회와 도시 곧 공적 영역에 대한 관심이 그나마 식별 가능한 정도다.

오늘날 지구적으로 가장 뜨거운 언어들 중 하나는 '환경'이다. 그것은 주로 생태학과 관련된 것이긴 하지만, 그렇다고 해서 공간생산의 업과 결코 무관하다 할 수 없다. 공간과 장소(생

---

76   도린 매시, 『공간, 장소, 젠더』, 정현주 옮김, 서울대학교출판문화원, 2015.

산과 소비)가 삶의 방식에 막강한 영향을 미치는 한, 그래서 종국적으로 사람됨과 사람답게 살아가는 것에 긍정적으로나 부정적으로 기여하는 한, 공간과 장소는 환경과 관계될 뿐 아니라 환경을 더 낫게 하거나 더 나쁘게 하는 데 큰 역할을 떠맡는다. 또한 생태학oikos이 근본적으로 삶을 영위하는 살림economy의 문제인 한, 그것은 공간(과 장소)의 문제를 기반으로 삼을 수밖에 없다. 이 모든 것 이전에, 공간과 장소는 그 자체가 이미 환경이지 않은가? 그럼에도 불구하고 (인공)환경 속에 살아가는 인간이 그것을 떠받치는 기반인 (자연)환경을 망가뜨리는 방식으로, 그러니까 거시적 차원에서 자해自害하는 방식으로 살림살이를 한다는 데 오늘날의 환경 문제가 놓여 있다.

그렇다면 공간 생산(과 소비)에 관여하는 우리가 아니라 특별히 환경의 견지에서 추구해야 할 가치는 무엇인가? 생물체와 환경 간의 관계에 대해 탁월한 이론을 개진한 윅스퀼Jakob von Uexküll[77]에 따르면, 그 둘은 하나의 환경세계Umwelt를 형성

---

[77]   그의 이론은 수많은 지식인들에게 영향을 끼쳤는데, 철학 분야의 거두만 몇 열거하면, 하이데거(Martin Heidegger), 카시러(Ernst Cassirer), 가다머(Hans-Georg Gadamer), 오르테가(Jose Ortega y Gasset), 라캉(Jacques Lacan), 메를로퐁티(Maurice Merleau-Ponty), 들뢰즈(Gilles Deleuze), 아감벤(Giorgio Agamben) 등이 있다.

함으로써만 실존이 가능한 관계에 놓여 있다. 따라서, 지극히 상식적인 언명이지만, 인간은 자신의 환경을 돌보아야 마땅하다. 자연(환경)과 공존하되, 그것을 지키는 목동牧童이어야 한다. 예컨대, 지구온난화를 줄이는 탄소 제로의 삶은 정언적 규범이다. 소비를 줄이는 삶도 그렇고, 성장 지상주의에 기초한 대량생산과 파괴를 멈추는 것도 그렇고, 소유를 닦달하는 거대주의로부터 돌아서는 것도 그렇다. 건물이든 도로든, 모든 형태의 공작工作은 근본적으로 파괴행위라는 사실을 첨예하고 인식하는 것 또한 매우 중요하다. 스노치Luigi Snozzi의 다음 말은 건축가가 마음 깊이 새겨두어야 마땅하다.

"밭에 집 한 채를 지으려면, 설령 그것이 기초를 만들기 위해 단지 40센티미터를 파낼지언정, 무엇인가 파괴해야 한다. 그래서 홍당무와 감자 등을 키울 수 있는 가장 중요한 부분을 절토할 것이다. 만약 집을 디자인하고 있는 사람이, 감자와 홍당무처럼 하나의 가치를 지닌 것들을 키울 수 있는 땅의 가치를 대체할 수 없다고 생각한다면, 그러니까 그 땅을 다른 가치(이 경우는 건축)로 대체할 수 있다고 생각할 수 없다면, 연필을 내려놓고 건축가가 되는 것을 포기해야 마땅하다. 이것이 바로 땅의 가치를 대체하는 건축가의 책임이다. 왜냐하면 우리는, 우리가 원하든 원하지 않든, 파괴하고 있기 때문이다. 그래서 우리는 우리가 저지르는 파괴를 대체해야 마땅하다."

한마디로, 환경이 우리에게 요청하는 가치는 윤리다. 우리는, 예컨대 조선시대의 문인이 특히 그러했는데, 소이연所以然/소당연所當然처럼 윤리와 진리의 통합, 그리고 윤리와 미학의 통합(학예일치)을 추구한 유구한 역사를 지녔다. 필자가 쓴 글의 일부다. "조선시대 문인에게 그림은, 밥벌이나 입신양명의 방편이 아니라, 여흥으로 자신의 심중이나 사상을 표현하는 여기餘技의 대상이다. 그림을 직업으로 삼지 않는 까닭에, 그들의 그림 곧 문인화는, 서로 잘 아는 벗들이나 선생이나 제자 등 사이에서 주고받고 감상될 뿐, 결코 팔거나 사거나 하는 법이 없다. 이러한 여기의 특성은, 문인화를 자칫 아마추어 수준에 붙박게 할 경향을 띤다. 게다가, 형사形似 곧 사물의 외형 재현에 치중하는, 직업 화공들의 사실적인 공필화工筆畵에 반해, 사의寫意 곧 사물의 내적인 면의 표현을 추구하는 문인이 그린 그림들은, 수묵과 담채를 주로 쓰는 까닭에 대개 간결하고 치졸해서, 그 경향을 보강한다. 그런데 문인화에서 쉽게 볼 수 있는 그러한 회화적 특성은, 서툰 기교 탓이 아니라 기교의 의도적 회피 때문인데(심지어, 추사 김정희의 〈세한도〉처럼, 필력이 도의 경지에 이르러도 치졸한 형상이 기교를 지운다. 노자는 그것을 일러 대교약졸大巧若拙이라 했다), 그것은 그림에 대한 문인들 특유의 태도에서 비롯한다. 조선시대의 핵심 지식인이었던 그들은, 인간과 자연, 삶과 세상 등에 대한 섭리를 깨닫지 않고서는, 그리하여 인격과 교양을 제대로 갖추지 않고서는, 높은 격조가 우러나는 그림을 그릴 수 없다고 믿었다. 학예學藝일치를 추구한 그들은, 더 높은 세계, 더 큰 세계를 향해 끊임없이 정진했는데, 문인화는 그것이 그림으로 드러나는 단 하나의 징표였을 뿐이다."[78]

윤리와 미/진리의 통합을 추구한 것은, 우리뿐 아니라 서양도 그러하다. 필자가 쓴 글의 다른 일부다. "스토아 철학에 깊이 영향받은 비트루비우스는 서양건축사의 원류 『건축De Architectura』에서, 선한 건축가의 자질을 도덕적 견지에서 상술했을 뿐 아니라, 특히 르네상스 건축이론가 알베르티도 그러한데, 이상적인 건축형태의 구축을 위한 법칙들을, 무엇보다도 우선, 기하학을 통해 상징적으로 구현되는 윤리적·도덕적 특질로서 제시했다. 현대사도 그렇다. 19세기 후반 러스킨John Ruskin은 건

78　이종건, 같은 책.

축에는 옳거나 그릇된 기하학 형상들이 있다고, 심지어 단순히 기하학적으로만 아니라 도덕적으로도 올바른 선들이 있다고 했으며, 모조석 사용이나 구조적 원리에 어긋난 구축을 '거짓 표상'이라 일갈했다. 미술사가 페브스너Nikolas Pevsner는 대상을 구분하는 것은 양식이 아니라 도덕성이라는 점을 명확히 진술하며, '모조 재료와 모조 기법은 비도덕적'이라고 주장했다. 20세기 초, 건축가 로스Adolf Loos는 장식을 도덕적 퇴보로 간주했고, 르 코르뷔지에는 임상적이고 합리적인 산물의 생산자인 엔지니어를 존경해야 한다고 했다. 사실, 성기 모더니즘 건축은 더 나은 사회를 만들고자 하는, 사회적 프로그램과 아젠다로 뜨거웠다. 지나치게 윤리적이고 지나치게 오만·낙관하면서 좌표를 잃어, 결국 윤리를 기계미학의 알리바이에 복무시켜 소위 불통의 건축으로 전락함으로써, '장식된 헛간decorated shed' 원리에 기초한 포스트모던 건축의 강력한 비판에 의해 역사무대에서 퇴장했다. 그런데 형태의 복권을 주창하며 무대 중심을 차지한 포스트모던 건축은, 다시금 윤리적 건축을 요청하는 목소리가 터져 나오게끔 했다. 해리스Karsten Harries의 저작『건축의 윤리적 기능The Ethical Function of Architecture』(1998)이 대표적이다. (…) 윤리와 미학은 서구에서 늘 불가분의 관계였다. 아리스토텔레스와 플로티누스의 진/선/미가 그러했듯, 비트루비우스의 유명한 건축 3요소(Firmitas/Utilitas/Venustas)도 그러했다. 윤리와 미학을 떼어내어 따로 보기 시작한 것은 현대에 이르러서인데, 그것도 거의 논구의 방편에 머물렀다. 따라서 손택Susan Sontag은, 미학과 윤리를 대치시키는 문제는 가짜문제라고, 둘의 구분 그 자체가 덫이라고 했다. 레구Maurice Lagueux는 그와 유사한 논조로 〈건축에서 윤리 대 미학〉(2004)을 발표했는데, 역사적 검토에 기초한 그의 논점은 이러하다. '윤리에 관한 모든 논박들이 모순적 양상을 띠는 것은, 그것들이 선이나 도덕성이 아니라, 미, 진리, 그리고 역사적 시간과 훨씬 크게 관련된다는 것이다.'[79]

이 지점에서 흥미로운 것은, 가타리Felix Guattri가 개진한 "윤리미학 패러다임ethico-aesthetic paradigm"이다. 그리고 그것은 '환경 생태학'과 '잠재성the virtual 생태학'을 결합한 '에코소피ecosophy'라는 이름으로 제시된다. 윤리미학 패러다임은 사망 직전에 출판된 그의 마지막 저작[80]의 제목이기도 한데, 그것이 가리키는 것은, 미학은 단순히 쾌-불쾌의 영역을 넘어 근본적으

---

79   같은 책.
80   Felix Guattari, *Chaosmosis: An Ethico-Aesthetic Paradigm*, Indiana University Press, 1995.

로 존재론에 속한다는 것이다. 미학이 존재의 문제에 깊숙이 개입하는 한, 그것은 윤리적인 것으로부터 따로 떼어낼 수 없다. '윤리미학 패러다임'이라는 호칭은 거기서 연유한다.

주지하다시피, 환경은 인간에 영향을 미친다. 그런데 주체성을 산출하는 요인들은 생물학적 배열, 가족환경과 사회 분위기뿐 아니라 기술, 매체, 예술, 제도, 모든 종류의 기계적machinic 부딪힘 등까지 포함한다. 그리고 가타리가 보기에, 그 모든 요인들 중 으뜸은 미학으로서, 그것은 우리 당대의 세상에서 주체성을 생산하는 데 특권적 역할을 행사한다. 따라서 그는 자신의 마지막 책에서 '다가올' 주체성 생산에 필요한 '새로운 미학'을 해명한다. '새로운 미학'은, 한마디로 '자본에 포획된 인간의 해방'을 목표하는데, 필자가 보기에 그것은 가타리가 인용한 뒤샹Marcel Duchamp의 다음 말에서 그리 멀지 않다. "예술은, 시간과 공간에 의해 지배되지 않는 영역들로 인도하는 하나의 길이다."[81] 이 책의 시점에서 말하면, 예술은 공간으로 인도하는 하나의 길이다.

81　"Art is a road which leads towards regions which are not governed by time and space." 같은 책, 101쪽.

가타리에게 인간 해방의 문제는 자본주의와 뗄 수 없이 묶여 있다. 그런 점에서 그가 미학으로써 숙고하는 것은, 들뢰즈와 합작으로 발표한 『안티 오이디푸스: 자본주의와 분열증』(1972)과 동일선상에 있다고 할 수 있다. 그에 따르면, 작금의 세상은 자본주의 이전의 주체성 곧 주체와 객체가, 외부성과 내부성이, 무한자와 유한자가 서로 얽힌 주체성을 '자본'으로써 질서잡고 환원시켜, 납작하고 원자화된 위계적인 주체성으로, 차이를 중립화시켜 표준화된 주체성으로 만든다. 그리고 진, 선, 미 등의 초월적 가치를 '자본'의 지배 아래 이분법적 대립구조로 고정시켜 한쪽에 특권을 부여한다. 그리하는 것이 교환 원리에 부합되기 때문이다. 그런데 "다의적이고, 애니미즘적이고, 초개인적인 주체성"을 생산하는 자본주의 이전 사회의 특징은, 보편적 의미의 미학 혹은 가타리가 명명하는 "발생기 상태의 창조성 차원"이다. 그뿐 아니라 미학 (패러다임)은, 탈주선을 구축해서 개인들을 횡단하는 인터페이스를 구현하는 독보적 능력을 지닌 까닭에, 자본주의 사회에서도 최고의 위치에 놓여 있다. 예술은 "전례 없는, 예기치 않는, 그리고 생각할 수 없는 존재의 특질"[82]을 발생시킬 역량을 지닌다. 온당

82　같은 책, 106쪽.

한 미학 (패러다임)은 원자화로 개별화된 주체들의 내부성을 폭발시키고, 상이한 힘들과 실천들의 다중성을 낳는다. 한마디로, 창조성의 과정이야말로 인간 해방의 힘이라는 것이다.

가타리가 보기에, 그러한 창조성의 과정 혹은 '과정적 열림processual opening'은 자본주의의 초월적 조건에서 납작하고 위계화된 주체들을 잇는 "횡단적 보편성의 다리transversalist bridge"다. 앞서의 뒤샹의 말을 전용하면, 시간과 공간이 지배하지 않는 영역 곧 비일상적 영역으로 인도하는 길이라는 것이다. 미학이라는 이름의 이 해방의 길은, 주체가 자신의 방식으로 외부를, 초월적인 것을 자신 속에 접어 넣는 것folding-in으로써 마련되는데, 그것은 혁명처럼 어떤 식으로든 결코 완성되지 않는, 끊임없는 실험이며 연습의 과정이다. 앞서 언급한 바디우의 용어로 고쳐 말하자면, '새롭고 위대한 빛나는 허구'를 자신 속에 불어넣는 주체성의 생산이야말로 인간 해방의 과업이라 할 수 있다. 그것은 한마디로 시적인 환경을 지어내는 일이다.

6

중간기술

사물을 짓기 위해서는 기술이 필요하다. 가구든 건물이든 도시든, 인간의 삶이 영위되는 공간과 장소를 짓는 일이야 새삼 말할 바 없다. 그런데, 앞서 말했듯, 사물을 만들어내는 일은 단순히 짓기 차원에 머물지 않는다. 그것은 경제와 문화를 포함하는 생활세계를 구축하고 변화시키는 일이다. 환경의 관점에서는 생태계를 파괴하는 일이며, 정확히 그로써 인간 자신 또한 파괴하는 일이다. 최근 급격히 증가하는, 그래서 극히 우려스러운 1급 발암물질인 초미세먼지는, 인간이 소비하는 석탄에너지가 주범이다. 오디세이 이야기가 들려주듯, 기술의 힘으로써 자연을 지배한 인간이, 그와 동시에 자신 속에 있는 자연 또한 지배할 수밖에 없는 아이러니다. 사태가 이러하다면, 자연과 인간을 덜 파괴하는, 더 나아가 살리는 기술을 숙고해야 마땅하지 않은가? 그러한 기술을 슈마허Ernst Friedrich Schumacher는 '중간기술'이라 명명했다. 오늘날 흔히 회자되는 적정기술의 전신이다.

중간기술이란 무엇인가? 그것은 '인간의 얼굴을 가진' 작은 기술로서, 환경과 인간성을 함께 회복하는 것을 목표로 삼는다. 이 말을 뒤집으면, 오늘날의 기술인 거대 기술은 환경과 인간성 둘 모두 파괴한다는 것이다. 그리 긴 설명이 필요 없다. 백만 년 걸려 만들어진 양을 단 일 년에 소비하는 석유가 대표적인데, 현대 문명은 자연을 파괴해 그로부터 '재생 불가능한' 자원을 탈취해냄으로써 이루어진다. 그리고 경제 성장으로 이루어내는 물질적 풍요는, 자유시장경제체제에 근거한 취득 과정과 배분 방식으로 인해, 인간의 비인간화와 경제적 부의 양극화를 심화시킨다. 경제적 가치는 질은 무시한 채 양적인 의미로 사용하는 것에 길들여져, 크고 많은 것이 좋다는 거대주의가 전 세계에 퍼져 정치, 경제, 사회 등 삶의 거의 모든 부문을 지배한다. 그리하여 거대기업들은 기계화를 서두르고 더 큰 단위와 더 많은 생산량을 쫓음으로써, 생산 수단을 소유하지 못한 사람들을 노동으로부터 소외하고 배제한다. 그리고 지구적 시장의 경쟁에서 살아남거나 승자가 되기 위해 자연이든 인간이든 무분별하게 착취해 이윤 극대화를 도모한다. 성장지상주의는 인간을 자본의 노예로 전락시킨다. 신자유주의가 특히 그러한데, 경제성장에 기초한 자본주의의 경제에는 인간이 철저히 누락되어 있다.

'중간기술'은 슈마허가 자신의 대표저작 『작은 것이 아름답다』(1973)에서 그려낸, 상당히 오래된, 그럼에도 불구하고 오늘날 여전히 숙고할 가치가 충분한 개념이다. 슈마허는 그 개념을 통해, 성장에 기초한 주류 경제학과 기술, 그리고 더 나아가 오늘날의 자유시장경제체제와 삶의 양식에 맞서, 인간이 기술의 주체로 나서서 존엄한 삶을 영위할 수 있는 대안을 모색한다. 그에 따르면, 인간은 자신의 행복을 위해 스스로 조절하고 통제할 수 있을 정도의 경제 규모를 유지할 때라야, 자연과 행복하게 공존할 수 있는 경제 구조를 가질 수 있다. 중간기술은 바로 그것을 가능케 하는 방편이다. 그가 규정하는 중간기술은, 현지 사람들의 직접적인 필요에 부응하기 위해 현지에서 생산되는 재료를 써서 값싸고 손쉽게 활용하는 기술로서, 지역

규모에 알맞고 사용하기 쉽고 생태적이다. 더 작은 소유, 더 작은 노동 단위에 기초를 두는 까닭에, 인간을 생산 과정에 복귀시켜 생산 주체로 삼아 생산 과정과 결과에 책임질 수 있도록 한다. 그뿐 아니라 인간의 창조적 욕구에도 부합하고, 자연과 비폭력 혹은 약한 폭력과 영속성이 보장되는 관계가 출현한다. 그리하여, 오늘날 한국의 (청년)실업 문제와 자본에 철저히 예속된 비정규직과 같은 참혹한 노동 환경을 바꿀 수 있다.

오늘날의 사물 짓기는 인간이 아니라 경제 원리를 중심에 둔다. 빠르고 싸고 좋은 디자인을 추구하는 어떤 건축가는, 건물을 이루는 부분들을 가급적 모두 프리패브pre-fabrication 시스템에 의해 만듦으로써 인건비를 최대한 줄인다. 차량 인식시스템을 도입해서 고용을 없애는 것과 같은 방식이다. 거의 모든 기업들은 그렇게 자동화 기계를 늘려 점점 많은 노동자를 일자리에서 쫓아낸다.[83] 재료들 또한 가장 싼 곳에서 수입하고, 제

---

83 다음의 신문기사를 보라. '인공지능(AI)과 로봇들은 운전사를 비롯해 심지어 성 노동자까지, 인간의 모든 직업군을 넘볼 것이다.' 미국 과학자들이 향후 25~30년 내 AI로 인해 전 세계 일자리의 절반 이상이 사라질 것이라고 경고했다면서, 파이낸셜타임스(FT) 등이 이같이 보도했다. 가디언과 FT 등은 14일 미국 워싱턴에서 열린 미 과학진흥협회(AAAS) 연례회의에서 텍사스의 라이스대 컴퓨터과학과 교수 모셰 바르디 등이 "우리는 기계들이 모든 분야의 업무에서 인간보다 더 훌륭한 성과를 내는 시대를 맞이하고

작 또한 가장 효율적인 방식을 따른다. 심지어 음식 장사도 그러해서, 음식의 질(건강하고 좋은 음식)을 통한 소비자 만족이 아니라, 경제 원리(최소의 수단에 의한 최대의 효과)에 따라 원가(어느 나라에서 소출되었든 상관없이 오직 더 싼 재료)와 생산비(누가 만들든 상관없이 오직 더 싼 노동력)를 결정해서 운용한다. 기업이 기반으로 삼는 그러한 이익 극대화 기술은, 심지어 소비의 주체인 인간을 계산에 넣지 않음으로써, 마치 환경을 파괴함으로써 자신을 해치는 인간처럼, 기업을 도산에 이르게 한다. 주지하다시피, 미국 기업들이 생산비를 줄여 시장경제에서 살아남기 위해 앞다퉈 노동력이 싼 중국으로 생산기지를 옮긴 결과, 수많은 사람들에게 닥친 실업 문제뿐 아니라, 그로 인한 소비력 위축이 판매 부진으로 경제가 침체되는 결과가 초래되었다. 결국 정부가 리쇼링reshoring 정책을 통해 해외에 나간 기

있다."면서 AI에 의한 대량 실업사태를 예측했다고 보도했다. (…) 가디언은 "세계적 물리학자 스티븐 호킹과 일론 머스크 테슬라 회장 등도 지난해 AI를 '인류 최대의 위협'이라고 경고했다."면서 "이 같은 문제제기는 지난해부터 본격화하고 있다."고 지적했다. 1월 말 열린 다보스포럼에서 클라우스 슈바프 회장은 "AI와 사물인터넷(IoT) 등이 주도하는 정보혁명은 '제4차 산업혁명'"이라고 규정하면서 "이로 인해 고소득층과 저소득층간 부의 불평등은 심해질 것"이라고 전망했다. 세계경제포럼(WEF)은 '미래고용 보고서'를 통해서도 "4차 산업혁명으로 AI가 보편화하면서 앞으로 5년간 선진국과 신흥시장을 포함한 15개국에서 일자리 710만 개가 사라질 것"이라고 예상했다. 「인공지능, 30년내 性노동자 일자리까지 뺏을 것」, 문화일보, 2016. 2. 15.

업들이 다시 국내에 돌아오게 함으로써, 일자리 창출과 국내경제 활성화를 도모하는 형국이다. 오늘날 가장 첨예한 경제 문제는 빈부 양극화의 심화로, 기업은 점점 부를 늘려가는 반면 일반 대중은 점점 가난해진다. 누구를 위한 경제며, 무엇을 위한 기술인가.

슈마허의 『작은 것이 아름답다』는 "인간 중심의 경제를 위하여"라는 부제를 달고 있다. 그가 지역 규모에 알맞고 사용하기 쉽고 생태적인 '중간기술' 개념을 창안한 것은, 인도에서 뭇 사람들의 처참한 빈곤을 목격하고부터다. 이윽고 그는 성장을 위한 서양 경제구조가 얼마나 환경과 인간에 파괴적인지 새삼 확인했다. 단적인 예로, 핵 원자로가 만들어내는 대량 방사능 폐기물로부터 안전한 곳은 지구 어디에도 없다. 서양 강대국이 원조와 협력의 이름으로 이식한 서양 경제구조는 후진국이 경제적 종속으로부터 벗어날 수 없는 올가미다. 세계인구의 5.6퍼센트를 차지하는 미국인은 세계의 일차 자원의 40퍼센트를 소비한다. 그리고 미국은 지구온난화를 부추기는 온실가스를 가장 많이 배출한다. 슈마허가 보기에, 현대의 경제와 기술이 안고 있는 문제는 근본적으로 가치관에서 비롯한다. '무엇을 위해 어떻게 살 것인지'를 도외시하기 때문이다. 슈마허는 버마 방문으로 새롭게 눈 뜬 '불교경제학'에서 대안경제의 활로를 찾았는데, 그것은 사람이 자본을 섬기는 것이 아니라 자본이 사람을 섬기는 경제로서, 소박과 비폭력을 핵심으로 삼는다.

경제가 진실로 중요하게 지켜야 할 것은 성장이 아니라 대지의 보존과 인간의 존엄성이다. 경제학, 물리학, 화학, 기술 등은 '한계 없는' 지구를 당연시 여기지만, 환경적으로 유한한 지구는 한계를 넘어서면 예측할 수 없이 악화된다. 작금에 발생하는 갖가지 문제가 이를 예증한다. 따라서 가급적 적은 수단으로 필요한 목적을 이루고자 하는 불교경제학이야말로 인간과 환경이 평화롭게 공존할 수 있도록 한다. 불교경제학은 놀랄 만큼 적은 수단으로 충분히 만족스러운 결과를 산출하는데, 이것이야말로 전체론의 관점에서 참으로 합리적이다. 소박과 비폭력은 그렇게 연결된다. 석가모니는, 모든 감정 있는 것들all sentient beings뿐 아니라 심지어 나무에 대해서도 경건한 태도로 접근해야 한다고, 훌륭한 불교도라면 적어도 5년마다 한 그루의 나무를 심고 가꾸어야 한다고 가르쳤다.

소박과 비폭력은 사물을 짓는 데에도 마땅히 적용해야 할 중요한 덕목이다. 집이든 도로든 도시든, 사물을 짓는 것은 자연에 대한 명백한 폭력행위인 까닭에, 진실로 필요한 것을 파악해내어 가급적 자연을 덜 해치는 방식으로 도모해야 마땅하다. 미학의 문제도 인간과 자연이 공존하는 형식과 내용에 개입해야 마땅하다. 미스의 유명한 경구 "적을수록 많다/좋다Less is more."는, 미학적 언명에 그칠 것이 아니라 실제성을 담보해야 마땅하다. 적은 사물로 짓는 것은 의무이며 지적 도전이자 또 다른 기쁨이다. 친자연적 방식의 짓기 또한 그러하다. 그런 점에서, 우리의 오랜 전통이었던 '자연스러움'의 미학과 검박성에 기초한 선비 정신은 다시금 복구해내어야 할, 우리뿐 아니라 지구인 모두의 중요한 자신이다. 다소 길지만, 임마누엘 페스트라이쉬(한국이름, 이만열) 경희대 후마니타스 칼리지 교수가 "하버드대 박사가 본 한국의 가능성"이라는 부제를 붙여 펴낸 『한국인만 모르는 다른 대한민국』의 일부를 옮긴다.

"선비 정신은 한국 사회와 역사에 깊숙이 뿌리 박혀 있다. 개인적 차원에서 선비 정신은 도덕적 삶과 학문적 성취에 대한 결연한 의지와 행동으로 나타난다. 사회적 차원에서는 수준 높은 공동체 의식을 유지하면서도 이질적 존재와 다양성을 존중하는 태도로 나타난다. 홍익인간으로 대표되는 민본주의 사상을 품고 있으며, 자연을 극복의 대상으로 보지 않고 오히려 조화를 이루려는 특성이 두드러진다. 국가적 차원에서는 외세 개입에 강력히 저항하면서 동시에 평화적 국제 질서를 적극 지지하는 태도로 나타난다. 이처럼 한국인뿐 아니라 전 인류가 동의하고 지지할 수 있는 보편적 가치가 선비 정신에 녹아 있다. (…) 오늘날 지식인은 사회 전체에 대한 책임감을 잃고 폐쇄적인 개별 영역에서 한정된 전문가로 살아가는 세상이다. 이런 시대에 선비 정신은 절박하게 필요하다. 교육이 삶의 본질적 차원을 떠나 도구화되어버린 세상에서 선비 정신은 교육의 가치를 재발견하게끔 유도할 수 있다. 한국의 전통 교육을 발굴하고 복원한다면 외국으로 수출할 수 있는 훌륭한 상품이 될 것이다. 선비 정신의 중요한 요소 중 하나인 '지행합일'은 전통을 발견하고 이 속에서 교육 체계를 다시 세우는 중요한 요소가 된다. (…) 만약 한국이 선비 정신을 지금 우리가 사는 시대의 요구에 맞게 수정하여 재창조할 수 있다면 엄청난 파급력이 발휘될 것이다. 예전 '사무라이' 개념이 그랬듯 세계로 확산되어 지구인이 향유하는 문화 중 하나로 자리 잡을 수 있다. 그러면 한국은 단순히 소비품을 생산하는 차원을 넘어 사람이 사는 방식 자체에 영향을 끼치는 수준까지 발전한다. 이것이 진정으로 중심적인 역할이다. 더 나아가 세계인을 포용하는 역할까지 담당할 수 있다. 무절

제한 소비가 지배하며 진통을 겪고 있는 이 시대에 한국이 제시하는 '선비 정신'은 치유와 회복의 처방이 되기에 충분하다. (…) 선비와 같은 지도자야말로 전 세계 수십억 민초가 갈망해온 이상적인 모델이 아닌가?"[84] (밑줄은 필자가 쳤다.)

84   임마누엘 페스트라이쉬, 『한국인만 모르는 다른 대한민국』, 21세기북스, 2013, 49-51쪽.

7

시의 힘

선비의 삶의 방식에서 우리가 충분히 음미할 만한 또 다른 특징은, 그들은 사물에 시(혹은 문자)로써 질서와 의미를 부여했다는 점이다. 한결같은 생김새의 집들은 현판이 없으면 그것의 사적·공적 성격을 포함해서 지은 목적과 지향하는 가치를 제대로 알 수 없다. 조선시대 최고의 지식인 퇴계가 세상을 떠나기 10년 전에 지은 도산서당도 그러하다. 시대의 대학자가 기거할 공간이 세 칸으로 족한 것은, 집 주변에 작은 연못, 연꽃, 샘, 대나무, 소나무, 싸리문 등을 만들고 거기에 시적인 이름을 붙여 (마음의) 영역을 넓힐 수 있기 때문이다. 심지어 주변의 산들에까지 이름을 지어주어, 공간을 확장하기도 한다. 다음은 건축 비평가 송종열이 쓴 글의 일부다.

"전통건축에서 드러나는 가장 중요한 구성성분은 인간의 삶을 고양시키는 존재론적인 차원이라는 것이다. 정자, 주거건축, 서원건축도 이런 특성을 드러내는데, 말하자면 인간의 존재형성에 건축이 기여할 수 있도록 하는 것이다. 마치 '너는 너의 삶을 바꿔야 한다!'라고 말하는 것처럼, 핵심은 (건축이나 자연환경을 이용해서) '스스로를 어떤 존재로 만들고자 했느냐?' 하는 것이다. 현판懸板과 편액扁額, 병풍, 족자簇子와 같은 것들은, 매일같이 드나들면서 '의식 내에 무엇인가를 새기는' 장치인 셈이다. 풍광을 선택하는 것, 내, 강, 봉우리에 이름을 지은 행위도 그러한 맥락이다. 예를 들어 회재 이언적李彦迪의 독락당獨樂堂, 계정溪亭, 자계천에 솟아 있는 바위 관어대觀魚臺, 『논어』의 '시를 읊으며 돌아온다.'는 구절을 딴 영귀대詠歸臺, 굴원의 '맑은 물에 갓끈을 씻는다.'는 탁영대濯纓臺, '마음을 맑게 한다.'는 징심대澄心臺, 그리고 자계 하류에 있는 계사상전에서 이름을 따온 세심대洗心臺, 거기다가 주변의 산들(도덕산·무학산·화개산·자옥산)에 이름을 붙이는 이런 사례는 무수히 많다."85

오늘날은 그때와 다르다. 사물 주변을 둘러쌌던 문학의 향기는 어디서도 찾기 어렵다. 아파트가 특히 그러한데, 사물에 붙이는 이름은 상품성과 직결된다. 성수동 고급아파트 트리마제, 성수동 고급아파트 갤러리아포레, 서초동 고급빌라 트라움하우스, 한남동 고급빌라 헤렌하우스, 스카이시티 자이, 하늘도시 한라비발디 아파트, 힐 스테이트, 마켈란쉐르빌, 하이펠리온, 트럼프월드, 리빙포레, 월드메르디앙, 그야말로 점입가경이다. 시인 김춘수는 이름을 불러주어 "다만 하나의 몸짓에 지나지 않"던 것이 "꽃"이 되었지만, 업자들은 희한한 이름으로 상품성을 부가하고, 사람들은 아파트 이름을 둘러싸고 싸움까지 벌인다. 시심詩心은 그렇게 어느덧 우리 일상에서 종적을 감추었다. 지난 2015년 을미년 한 해의 삶을 뭉뚱그려 나타내는 말로, 대학교수들은 혼용무도昏庸無道(어리석고 무능한 군주의 실정으로 나라 전체의 예법과 도의가 송두리째 무너져버린 상태)를, 젊은이들은 시저지탄匙箸之歎(수저계급론 세상을 한탄한다)을 선택했다.

시심詩心이 실종해서 세상이 이렇게 나빠졌는지, 세상이 나

85　　송종열, 〈전통의 해석: 번역과 혼성〉, 《건축평단》, 2016년 봄.

빠서 시심이 실종했는지 알 수 없지만 그 둘이 상관성을 띠는 것은 분명하다. 한국작가회의(민족문학작가회의의 전신)는 '작가들이 사랑한 2015년 올해의 책'으로 서경식 일본 도쿄게이자이대학 교수의 『시의 힘』을 선정했다. 모든 게 '돈'으로 환치되는 신자본주의 시대에 '돈' 안 되는 문학이 왜 이 시대에 필요한지 역설하기 때문이라는 것이다. 장영희(1952~2009) 전 서강대 영문학 교수는 포크너의 말을 인용하면서 다음과 같이 썼다. "'문학은 인간이 어떻게 극복하고 살아가는가를 가르친다.' 그렇다. 문학은 삶의 용기를, 사랑을, 인간다운 삶을 가르친다. 문학 속에 등장하는 인물들의 치열한 삶을, 그들의 투쟁을, 그리고 그들의 승리를 나는 배우고 가르쳤다. 문학의 힘이 단지 허상이 아니라는 걸 증명하기 위해서도 나는 다시 일어날 것이다." 그녀는 다시는 일어서지 못했고, 우리 세상은 인간다운 삶이 위태로운 지경에 이르렀다.

문학의 힘은 무엇일까? 시의 힘에 대해 쓴 서경식 교수의 글을 따라가보자. 그는 자신의 책 『시의 힘』 한국어판 서문에 이렇게 썼다.

"시에는 힘이 있을까? 문학에 힘이 있을까? 의문이다. 그럼에도 이 책에 '시의 힘'이라는 제목을 붙인 이유는, 우리를 끝

없이 비인간화하는 이 시대야말로 그 어느 때보다 더 시와 문학의 힘이 절실하게 필요하기 때문이다. (…) 모든 것을 천박하게 만들고 파편화하여 흘려버리려 드는 물결에 대항하여, 인간이 인간으로서 살아남고자 하는 저항이다. '저항'은 자주 패배로 끝난다. 하지만 패배로 끝난 <u>저항이 시가 되었을 때, 그것은 또 다른 시대, 또 다른 장소의 '저항'을 격려한다. 시에는 힘이 있을까? 나의 대답은 이렇다. 이 질문은 시인이 아니라 우리 한 사람 한 사람에게 던져져 있다. 시에 힘을 부여할지 말지는 그것을 받아들이는 우리에게 달린 것이다.</u>"[86] (밑줄은 필자가 쳤다)

한마디로, 시의 힘의 유무는, 우리가 그것을 받아들이는 것, 그리고 저항을 시로 지어내는 것에 달렸다는 말이다.

그런데 그리하면 시가 진실로 힘을 가지는가? 혹은 그것이 가능한가? 서경식 교수가 보기에, "전후戰後 한 시기에 보였던 그런 '가느다란 가능성'은 이제 소멸의 낭떠러지에 있다." 그리고 저항은 어김없이 거의 패배로 끝난다. 그런데 그렇다고 해서 저항이 소멸되는 것은 아니다. 앞서 서경식 교수가 썼듯, 시

---

86   서경식, 『시의 힘』, 현암사, 2015, 4-5쪽.

가 되는 저항은 패배로 끝나도 다른 시대, 다른 장소의 저항을 고무한다. 그래서 "희망은 없지만 걷는 수밖에 없다. 걸어야만 한다. 그것이야말로 '희망'이라는 이야기다." 중국 문학가이자 사상가이며 혁명가이자 정신적 지도자이었던 루쉰은 이렇게 썼다. "생각해보니 희망이란 본래 있다고도 할 수 없고 없다고도 할 수 없다. 이는 마치 땅 위의 길과 같은 것이다. 본래 땅 위엔 길이 없다. 걷는 이가 많아지면 거기가 곧 길이 되는 것이다." 서경식 교수는 이렇게 썼다. "'이렇게 살겠다', '이것이 진짜 삶이다'라는 무언가를 드러내야만 한다. 시인이 해야만 하는 일이다." 그러니, 우리 자신이 희망과 힘으로 사는 길밖에 없다. 그리하는 것은 정신적 결단을 요구한다.

미스에게 건축은 자율성을 획득함으로써 "삶에 봉사하는 것"으로서, "언제나 정신적 결단의 공간적 표현"이었다. 그리하여 "순수한 상징적 표현과 순수한 시적 운율을 위해 기본적인 기능성까지도 무시한 미스 건축"을, 로시Aldo Rossi는 비판적이 아니라 오히려 긍정적으로 보았다. 로시가 보기에, 건축가 미스는 "시장을 위한 생산과 산업의 변화에 저항하고, 시대를 초월해 영원한 아름다움을 지닌 대상을 창조하던 몇 안 되는 인물 중 하나"이기 때문이다.[87] 미스는, "건축은 인간 실존에 관한 전체적인 문제를 떠맡고 있는 관념의 담지자여야" 한다고 믿어, 건축의 목적을 의뢰자나 사용자가 아니라 건축 그 자체에 두었다. 여기서 '건축 그 자체'가 뜻하는 바는, 인간의 목적을 위해 착복하거나 이용되는 대상이 아니라 건축이라는 존재의 고유성인데, "의미 영역과 가치 영역에 내재되어 있"는 그 것이야말로 "바로 건축가가 투쟁해야 할 문제"다. 그러니까 사물(혹은 건축)의 고유성으로부터 나오는 빛과 질서야말로 궁극적으로 휴머니티에 봉사한다고 풀이해도 되지 않을까 싶다.

미스가 "현재 주어진 세계는 과연 인간이 견뎌낼 만한 세계입니까? 과연 이 세계는 살 만한 가치가 있는 곳입니까?"라고 물었듯, 헤이덕 또한 자신이 속한 시대의 건축을 "병리학 pathology"이라 명명하며 건축 질병의 속성과 연관된 시대의 징후들을 아홉 가지 열거했다. 헤이덕은 특히 자신의 시대(와 건축)에 대해 두 가지 점에서 비판적이었는데, 그의 말을 그대로 옮기면 이러하다. "거기(건축)에는 생명이 없다는 것이며, 따라서 끔찍하게도 그 죽음의 가능성이 없다." 그리하여 그는 샤피로David Shapiro가 명명한 "외과적 건축surgical architecture"으로써,

87 프리츠 노이마이어, 2009, 같은 책.

특히 여성적인 것과 죽음이라는 "초월적 주제들을 지독하게 추구"함으로써, 그것을 치유하고자 했다.[88] 헤이덕이 미스와 다른 것은, 자신의 시대의 건축은 현실이 아니라 시의 영역에서야 가능한 것으로 믿어, 소위 '페이퍼 아키텍처'로 알려진 절대적으로 자율적인 '순정한(순수하고 올바른) 건축'으로써 자신의 시대와 싸웠다는 것이다.

여기서 우리는 인간 해방을 위해 사물을 짓는 두 개의 길을 생각해볼 수 있다. 하나는 지금까지 쓴 글의 논지에 따라, 사물이 사물로서 머물도록 사물을 지키는 것, 곧 (벽돌이 무엇이 되기를 원하는지 벽돌에게 물어보라 한 건축가 루이스 칸의 말처럼) 사물을 그것의 고유한 질서에 따라 지어내는 것이고, 다른 하나는 바로 앞선 글의 맥락에서 시(혹은 문학)로써 사물세계를 다스리는 것이다. 이 둘은 접촉 넓은 면을 이루거나 단지 점을 형성하기도 하지만, 결코 따로 떨어져 있지 않다. 그럼에도 불구하고 편의상 구분해 말하면, 전자는 잘 만들어낸 사물 곧 장인이 지어낸 사물을 가리킨다고 할 수 있는데, 로렌스D. H.

---

88 David Shapiro, "An Introduction to J. Hejduk's Works: Surgical Architecture," *a+u* 1991, no.224.

Lawrence는 자신의 시 〈사람이 만든 물건들Things Men Have Made〉
에서 그러한 사물은 '생명'을 지녔다고 본다.

> 깨어 있는 손으로 사람이 만들어 따스한 생명이 스민 물
> 건들은
> 세월이 흘러 대물림되어도 정신이 깃들어 있다, 그리하여
> 여전히 빛이 난다
> 긴 세월 동안 아득히.
> 이런 까닭에 어떤 물건들은 그 연륜으로 인하여 더욱 애틋
> 하다
> 그것을 만들었던, 이제는 잊혀진 이의 은은한 생명 오롯이
> 배었기에.[89]

상품은 우리의 욕망을 건드리고 만족시킨다. 어떤 상품은
순식간의 만족에 그치고, 어떤 상품은 오래 만족시킨다. 그런
데 상품의 특성은, 화폐가치와 무관하게 그리하지 않는다는 데
있다. 말하자면, 사용가치가 아니라 교환가치 곧 일종의 기호
의 힘으로써 그리한다는 것이다. 사물로서 그리하는 것이 아니

---

89   D. H. 로렌스, 『제대로 된 혁명』, 류점석 옮김, 아우라, 2008, 242쪽.

라는 것이다. 자본주의 사회는 사물로부터 사물성을 탈취한다. 그뿐 아니라, 그로써 인간의 삶마저 파괴한다. 로렌스는 〈우리는 삶밖에 가진 것이 없다All That We Have Is Life〉에서 다음처럼 썼다.

사는 동안 우리가 가진 전부는 삶이다.
당신의 인생에서 당신이 진정으로 살지 못한다면 당신은 똥덩이에 불과할 뿐.
그리하여 당신이 임금노예가 아니라면
노동은 삶이고, 삶은 노동으로 향유되는 법.
임금노예가 일하는 동안 그는 삶을 한편으로 제쳐두고
한줌 똥덩이로 거기에 서 있다.

사람이라면 일에 생기 없는 것을 거부해야 한다.
사람이라면 임금만 받으려 일하는 똥무더기가 되는 것을 거부해야 한다.
사람이라면 임금노예로 일하는 것을 거부해야 한다.
사람이라면 자신을 위해 일할 것을 요구해야만 한다. 그리고 그 일에 자신의 생명을 쏟아부어야 한다.
왜냐면 사람이 자신의 일에 생명을 불어넣지 않는다면 그

는 분명 하나의 똥덩이에 불과할 뿐이기에.[90]

사물이 생명을 얻는 또 하나의 길은, 인간의 이해타산으로부터 벗어난 이름을 부여받는 것이다. "돈은 뇌, 피, 뼈, 돌, 영혼을 썩게 한다."[91] 김춘수의 시 〈꽃〉이 보여주듯, 상업적 계산이 아니라 무심한 마음이 불러주는 이름은, 사물을 하나의 고유한 존재로 존재하게끔 한다. "이제껏 우리가 알아보지 못한 달을 새롭게 안다면/ 그 달은 우리가 아는 새로운 달이 된다./ 이제껏 우리가 알아보지 못한 사람을 새롭게 안다면/ 우리에게 낯설던 그 사람은 우리가 아는 새로운 사람이 되리라."[92] 승효상이 지은 유홍준의 집 당호 수졸당守拙堂이 하나의 예인데, 우리가 이어받아야 할 전통에 내재한 또 다른 가치다.

시에 의한 사물의 의미화 작업은, 짓기 작업에서 사물(의 완성도)에 지나치게 집착하는 것 곧 사물 페티시즘에 대한 경계를 시사한다. 건축가들은 대개 작품의 완성도를 디테일에서 찾는다. 여기서 디테일이란 두 다른 사물을 결합시키는 술術을 뜻

---

90 같은 책, 243쪽.
91 〈돈을 없애라(Kill Money)〉 중에서. 같은 책, 257쪽.
92 〈당신이 인간이라면(If You Are a Man)〉 중에서. 같은 책, 280쪽.

하는 것으로서 기술적 문제뿐 아니라 미학적(개념적) 문제까지 포함한다. 하나가 아니라 여러 물질로 구성되는 사물 짓기에는 마땅히 디테일이 중요하다. 그런데 문제는 무엇을 위한 디테일인지 묻는 일을 종종 망각한다는 것이다. 건축 영역에서는, 일본만큼 건물 디테일을 잘 만들어내는 곳이 없다. 일본 건축가들은, 일본 건설업 종사자들이 건물 디테일을 너무 잘 만드는 탓에, 도리어 곤궁에 빠진다. 과장해서 말해 아무렇게나 그려도 기술적으로 완벽한 건물을 만드니, 그들은 이제 기술 너머의 영역을 책임져야 하는데 그것은 결코 쉬운 일이 아니기 때문이다. 이 상황을 두고 보건대, 그리고 우리의 선비 정신을 상고하건대, 한국 건축이 가야 할 길은 일본과 분명히 달라야 마땅하다. 이 맥락에서 우리 전통건축이 보여주는 비정합적이고 느슨한 결구와 기하학적으로 경직되기보다 흐트러진 질서에 기초한 아름다움은 우리에게 여전히 하나의 가능성으로 남아 있다.

8

즐거운 노동

로렌스가 시로써 주장하듯, "노동은 삶이고, 삶은 노동으로 향유되는 법"이다. 그래서 "사람이 자신의 일에 생명을 불어넣지 않는다면 그는 분명 하나의 똥덩이에 불과할 뿐이기에," 생기 없는 죽은 노동은 거부해야 마땅하다. 생기는 진실함, 선함, 아름다움 등이 주는 즐거움에서 나온다. 노동은 그것과 맞물려야 한다. 그리해야 사람은 그로써 자신을 지어가는 예술적인 삶을 꾸려갈 수 있고, 그로써만 비로소 사람으로 살 수 있다. 그러한 노동은 삶의 환경을 짓고 돌보며, 다른 사람들과 함께 협력해서 자신의 삶을 하나의 예술품으로 만들어가는, 진실로 해방적인 행위다. 그러한 노동으로써, 자연이든 인간이든, 다른 존재자들이 염려 없이 기쁘게 존재하는 사물을 만드는 것 또한 진실로 해방적인 행위다. 인간 해방을 위한 혁명 또한 거기서 시작하는 것이 옳다.

혁명을 하려면 재미로 하라,
소름 끼치도록 심각하게 하지 마라,
너무 진지하게 하지 마라,
재미로 하라.

사람들을 미워하는 이유로 혁명하지 마라,
미운 사람들 눈에 침이나 뱉기 위해 혁명하라.

돈을 위해 혁명하지 말고,
돈을 뭉개는 혁명을 하라.

평등을 위한 혁명은 하지 마라,
지나친 평등 때문에 혁명하라.
그리고 사과 수레를 뒤집어
사과들이 어디로 굴러가는지 보는 것은 재미있지 않겠는가.

노동자 계급을 위한 혁명을 하지 마라.

혁명해서, 우리 모두 우리 자신의 힘으로 약간의 귀족이 될
수 있게 하고

즐겁게 도망치는 당나귀들처럼 뛰어다녀라.

어쨌든 세계 노동자를 위한 혁명은 하지 마라.

노동은 우리가 너무 많이 해온 것이다.

노동을 없애자, 노동하는 것을 끝내자!

일은 재미있을 수 있으며, 사람들이 즐길 수 있다; 그래서
그것은 노동이 아니다.

노동을 그렇게 하자! 우리 재미를 위해 혁명하자![93]

모든 가치가 생산성으로 환원되어버린 오늘날 노동의 즐거
움은, 생각하는 것만으로도 이미 혁명적이다. 즐거움을 생각하
고, 요구하고, 실행하는 것이야말로 어쩌면 가장 손쉬우면서도
절박한, 그리고 가장 강력하고 위대한 혁명일 것이다. 그런데
이 혁명을 하기 전에 먼저, "우리는 초연해야 한다/ 소유와 돈,
그리고 기구들로부터/ 대신에 지금 우리 단절되어 있는/ 심연

---

[93]   D. H. 로렌스, 〈제대로 된 혁명(A Sane Revolution)〉.

의 신비한 삶에 관심을 쏟아야 한다."[94] 그리고 그러한 관심은 우리의 일상 공간, 일상 사물과 맞물려야 한다. 우리를 바꿀 수 있는 주체는 결국 우리 자신들뿐이다.

94　D. H. 로렌스, 〈당신이 인간이라면〉 중에서. 같은 책, 280쪽.

9

위대한 허구

재미를 위한 혁명이 '제정신의 혁명A Sane Revolution'인 것은, 그것은 무엇보다 먼저 자기 자신의 삶의 에너지를 북돋우기 때문이다. 사람의 가장 큰 즐거움은, 마치 신인 것처럼 자신이 뜻하는 바대로 세상을 만드는 것이다. 물론 상상 속에서나 가능한 일이다. 그런데 신나는 세상을 상상하는 것은 그 자체로 이미 혁명의 기운을 머금는다. 상상은 현실과 전적으로 유리되어 있기는커녕,[95] 현실을 향해 손짓하고 유혹하고 건드리며, 라

---

[95]   상상(想像)은 상(想)이라는 한자가 보여주듯, 현실에 뿌리박은 나무(木) 위에 올

캉에 따르면, 또한 현실을 구조화하기 때문이다. 그리해서 현실을 추동하고 변형한다. 어떤 식으로든 현실적 삶에 개입해서 어떤 방향으로 몰아간다. 설령 용기 부족이나 현실의 장애로, 중도에 부러지거나 변형될지언정 기어이 그리한다.[96] 그래서 현실을 참으로 현실적이도록 한다. 그러니까, 상상이 빠진 현실은 살아 있는 현실이라기보다 차라리 죽은 현실이라고 말하는 것이 옳다.

"오늘날과 같이 세계가 어둡고 혼란스러울 때, 우리는 빛나는 허구를 통해 우리의 궁극적인 믿음을 지탱해야 한다. 도시 젊은이들의 문제는 그들에게 어떤 허구도 없다는 데 있다. 그것은 사회 문제와는 하등의 관계가 없다. 문제는 위대한 믿음을 떠받치는 위대한 허구가 없다는 것이다."[97]

한국의 젊은이들이 수저계급론을 내세우는 사태가 진실로 염려스러운 것은, 한국의 현실이 그들로 하여금 꿈을 꾸는 것

라가서 마음(心)의 눈(見)으로 본다는 것을 뜻한다. 현실적인 성분이 없는 공상(空想)과 질적으로 다르다.

96　그렇게 현실화되지 못한 에너지는 사라지지 않고 무의식에 남아 끊임없이 의식을 건드린다.

97　알랭 바디우, 같은 책, 112쪽.

(상상)을 불가능하게 만드는 형국에 처했다는 점이다. 이러한 사태가 사회 문제와 전혀 무관하다는 바디우의 말은, 전적으로 동의하기는 어렵지만 적어도 진실의 반은 가리킨다. 우리 사회의 앞선 세대 누구도, 인문학자라 자처하는 누구도, 시인이나 예술가나 사상가라 자처하는 누구도, (교육을 통해서든 대화를 통해서든 무엇을 통해서든) 그들이 믿을 만한 허구를 만들지 못했다는, 혹은 못하고 있다는 뼈아픈 진실 말이다. 바디우의 말처럼, 지난 세기 유럽 사람들이 '공산주의'라는 위대한 허구를 가졌다면, 한국 사람들의 빛나는 20세기의 허구는 아마 '아메리카니즘' 혹은 미국 자본주의가 아니었을까. 오늘날 정상적이라 부르는 일상의 욕망들에 맞서는 가능성의 고갈은, 원인이 무엇이든, 우리 모두의 절박한 과제가 틀림없다.

"허구를 찾는 것은 정의와 희망의 문제다. 그러나 허구의 가능성이라는 문제는 용기의 문제다. 용기는 법으로도, 욕망으로도 환원할 수 없는 무언가의 이름이다. 그것은 그 일상적인 형식 아래에서 법과 욕망의 변증법으로 환원될 수 없는 주체성의 이름이다. 그런데 오늘날 정치적 행동의 장소는 (…) 정확하게 법이나 욕망으로 환원될 수 없는, 유적인 어떤 것의 장소, 유적인 의지로서의 어떤 것의 국지적 장소를 창조하는 어떤 것이다. 그 장소에 대해 스티븐스처럼 말해보자. 그것은 가능하며, 가능하고, 가능하며, 가능해야만 한다. 아마도, 우리는 새로운 허구의 가능성을 찾는 것이 가능할 것이라고 희망하며, 희망해야 한다."[98] (밑줄은 필자가 쳤다)

간단히 말해, 위대한 허구는 '법과 욕망으로 환원될 수 없는 주체성'이 생산하는 장소의 창조로써 지어낼 수 있다는 것이다. 나는 그것을 이 책에서 '공간'으로 잡았다. 스티븐스는 자신의 긴 시 〈지고의 허구를 위한 메모Notes Toward a Supreme Fiction〉(1942)에서 '지고의 허구'를 짓기 위한 조건을, 추상성, 변화, 즐거움[99] 세 가지로 제시했는데, 나는 그것을 시적인 것으로 해명했다. 한마디로, 시적인 공간이 '위대한 허구'를 지어내는 터이자 얼개라는 것이다.

나는 (시적인) 공간의 힘을, 사람을 '원초적인 존재상태'로 회귀시키는 것에서 찾는다. 라캉에 따라 바디우가 말한 바처럼, '인간성'이란 인간 속에 내재하는 '인간적이지 않다' 여기는

98　같은 책, 114쪽.

99　"It Must Be Abstract." "It Must Change." "It Must Give Pleasure."

것을 억압하고 쟁취한 "국지화된 승리"라면, 공간은 바로 그러한 '인간성'을 해체시켜 그것이 출현한 가장 근본사태인 세계와 '동물성'으로 돌려놓는다고 생각한다. 바로 그 지점에서야 비로소 우리는, 사람이란 근본적으로 약탈적이고 폭력적인 존재라는 사실과 더불어, 본디 연약해 각종 상해와 질병에 취약하기 짝이 없는 불완전한 몸을 지닌 존재라는 사실을 생생하게 인식할 수 있기 때문이다. 다른 세상을, 허구를, 그것도 빛나는 허구를 상상할 수 있는 것은 바로 그것에 의해서가 아닐까. "새는 알을 깨고 나오려 한다. 알은 세계이다. 태어나려는 자는 하나의 세계를 깨뜨려야 한다."(헤르만 헤세)

0

에필로그

이 책을 읽는 독자들 중 나를 건축 비평가로 인식하는 사람들은 이런 질문을 할 것 같다. 왜 한국 현대건축에 대한 언급이 전혀 없느냐. 나의 대답은 이렇다. 이 책은 비평서가 아니라 일종의 이론서이고, 이 책에서 개진하는 내 생각에 가장 잘 맞아떨어지는 사례는 한국 현대건축에서 찾아보기 힘들다. 물론 애써 찾아 발굴해낼 수 있을 것이다. 그런데 한국 현대건축에 대한 참고할 만한 글이 없어서 그것부터 작업해야 하니, 작업이 너무 방대하다. 그것은 성격이 전혀 다른 또 다른 과제이기도 하다. 그러니 글을 맺는 여기 편히 몇 마디 언급하는 것으로 이

해를 구하려 한다.

　'공간적'이라 할 수 있는 작품으로는 김인철이 지은 〈김옥길 기념관〉(1998)을, 사물성이 잘 간직된 작품으로는 김준성이 지은 〈토네이도 하우스〉(1993)를 들 수 있다. 둘 다 추상성을 띤다는 점에서는 그리 다르지 않지만 열림의 방향이 다르다. 전자는 밖의 열림이, 후자는 안의 열림이 강하다. 전자의 공간이 '지금 여기'를 확장한다면, 후자는 '지금 여기'를 응축한다. 20여 년 작업한 김준성에게 혹시 과거로 돌아갈 수 있다면, 다시 고치고 싶은 것이 없는지 묻자, 자신의 첫 작품인 〈토네이도 하우스〉 딱 하나라며, 오직 그것에서만 50퍼센트 이상 만족했다고 대답했다. 그것을 그의 최고작이라 여겨온 나는 짐짓 〈토네이도 하우스〉는 공장처럼 좀 거칠지 않느냐, 좀 차갑고 추상적이지 않느냐 다시 물었더니, 그는 다음처럼 정확히 내가 예상한 답변을 내어놓았다. "거긴 섬뜩함이 있는데 (…) 그 이후로 나의 모든 프로젝트에서 [그것이] 사라졌다." 섬뜩함은 일상성에 파묻혀 불활성 중인 우리의 동물성을 깨워 존재의 원초에 가져다놓는 정동affect인데, 앞서 언급했듯, 헤이덕이 위대한 건축의 징표로 거론한 특질이다.

오늘날 모든 사물들은 사소하다. 사물들이 아니라 삶들도 그러하다. 그러니 돈과 권력으로 성립하는 건축도, 결연한 정신적 결단과 의지로 저항하지 않으니, 응당 그러하다. 게다가 세상은 저항이니 혁명이니 해방이니 하는 말들을 구시대 유물로 간주해, 성급히 고루한 것으로 묶어 처분한다. 위대성 또한 과거에 속한 것으로 돌린다. 영웅적인 것보다 대중적인 것이 시대의 흐름이라 여긴다. 더 나아가 지나간 것, 그래서 시대적이지 않은 것은 시대착오적인 노스탤지어로 비판한다. 그런데 참으로 시대적인 것이란 무엇인가? 시대의 조류(에 따르는 것)인가? 시대의 대세(에 영합하는 것)인가? 나는 반시대적인 것이야말로 진정한 의미에서 시대적이라 생각한다. '산다'와 연관된 '삶'과 '사람'이라는 말들이 지닌 '능동성'은, 순풍이 아니라 역풍을, 물결을 따라가는 것이 아니라 거슬러 올라가는 저항을 가리킨다. 따라서 사람인 "나는 저항한다. 고로 존재한다."(알베르 카뮈)

저항 혹은 반항은, 오직 자신의 내면의 요구에 충실함으로써만 참됨을 얻는다. 그런데 우리 내면을 비추는 빛은 어둡고 늘 흔들린다. 결코 또렷하지도 분명하지도 않다. 다시금 그런데도 세상은 그와 정확히 반대로, 근본주의라는 맹신을 낳는

지나친 자기 확신으로 늘 대치 국면을 만들어 싸움 중이다. 나는, 지식인과 예술가의 일차적 책무는, 우리가 믿는 진실 혹은 진리는 허구의 다른 이름이라는 것을 일깨우는 것이라 생각한다. 공간과 장소라는 이름으로, 환경이라는 이름으로 사물을 만드는 사람들이 거기에 일조할 수 있는 것은, 그러한 사태가 출현할 수 있는 정동을 지어내는 데 있지 않을까.

· 참고문헌 ·

· 개복 하투니안, 『건축 텍토닉과 기술 니힐리즘』, 이종건 옮김, 스페이스타임, 2008.

· 김인철, 『공간열기』, 동녘, 2011.

· 도린 매시, 『공간, 장소, 젠더』, 정현주 옮김, 서울대학교출판문화원, 2015.

· 마르쿠스 슈뢰르, 『공간, 장소, 경계』, 정인모 · 배정희 옮김, 에코리브르, 2010.

· 마르틴 하이데거, 『숲길』, 신상희 옮김, 나남, 2008.

· 서경식, 『시의 힘』, 현암사, 2015.

· 송종열, 〈전통의 해석: 번역과 혼성〉, 《건축평단》, 2016년 봄.

· 알랭 바디우, 『투사를 위한 철학』, 서용순 옮김, 오월의 봄, 2013.

· 이종건, 『문제들』, 시공문화사, 2014.

· 이-푸 투안, 『공간과 장소』, 구동회 · 심승희 옮김, 도서출판 대윤, 1993.

· 임마누엘 페스트라이쉬, 『한국인만 모르는 다른 대한민국』, 21세기북스, 2013.

· 질 들뢰즈 · 펠릭스 가타리, 『천 개의 고원: 자본주의와 분열증 2』, 김재인 옮김, 새물결, 2001.

· 프리츠 노이마이어, 『꾸밈없는 언어』, 김영철 · 김무열 옮김, 동녘, 2009.

· D. H. 로렌스, 『제대로 된 혁명』, 류점석 옮김, 아우라, 2008.

· Alan Colquhoun, *Modernity and the Classical Tradition: Architectural Essays 1980-1987*, The MIT Press, 1991.

· Bart Eeckhout, *Wallace Stevens and the Limits of Reading and Writing*, University of Missouri Press, 2002.

· David Shapiro, "An Introduction to J. Hejduk's Works: Surgical Architecture," *a+u* 1991, no.224.

· Felix Guattari, *Chaosmosis: An Ethico-Aesthetic Paradigm*, Indiana University Press, 1995.

· Gevork Hartoonian, *Crisis of the Object: the Architecture of Theatricality*, Routledge, 2006.

· Henry David Thoreau, *Walden: Or, Life in the Woods*, 1966.

· Igor Stravinsky, *Poetics of Music in the Form of Six Lessons*, Harvard University Press, 1993.

· John Hejduk, "Evening In Llano," *Education of an Architect*, Rizzoli, 1988.

· John Hejduk, *Mask of Medusa*, Rizzoli, 1985.

· John Hejduk, *School of Architecture*, ed. by Bart Goldhoorn, NAi Publishers, Rotterdam, 1996.

· Kenneth Frampton, *Studies in Tectonics Culture: The Poetics of Construction in Nineteenth and Twenties Century Architecture*, ed. by John Cava, The MIT Press, 1995.

· Richard Sennett, *Craftsman*, Yale University Press, 2009.(『장인』, 김홍식 옮김, 21세기북스, 2010)

· Wallace Stevens, *The Necessary Angel: Essays on Reality and the Imagination*, Vintage Books, 1951.